デジタル時代の
児童サービス

著者：西巻 悦子・小田 孝子・工藤 邦彦

KDD
近代科学社Digital

まえがき

児童サービスとは、人が生涯にわたって本に親しむことができるよう児童と本を結ぶために図書館が提供する図書館サービスの一つです。

図書館の児童サービスが対象とする「児童」とは、児童福祉法第4条、児童の権利条約第1条や『IFLA児童図書館サービスのためのガイドライン0歳から18歳』[1]では、0歳から18歳までの子どもを指しています。本書では0歳から18歳までを対象とする子どもと本を結ぶ図書館のサービスについて検討します。

日本の図書館の児童サービスは、近年、DX（Digital Transformation：デジタルトランスフォーメーション）が進み、さらに、2019年末からコロナ禍で人と人との距離が遠くなる中で変化を余儀なくされ、新しい試みがなされています。

しかし、変化の中でも児童と本を結ぶという児童サービスの本質および使命に変わりはなく、今後とも継続されなければなりません。

ICT通信技術の進歩により子どもたちを取り巻く環境にどのような変化が起きているか、それに対して図書館はどのように対応しようとしているのか、デジタル図書館や電子書籍が教育現場でも使われるようになって、新しい試みに取り組んでいる事例が見られるようになってきました。それらを参考に今後の児童サービスについて考えてゆきましょう。

第1章では、児童サービスの定義や目的、意義、子どもの発達と読書、児童サービスのあゆみと現状、将来像、児童サービス担当者の業務、養成と研修、さまざまな児童資料について説明します。

発達段階にある子どもたちが本を手にするには、まずは大人が本と結びつけてあげる必要があります。第2章では、これまでも、そしてこれからも大切である子どもと本とつなぐさまざまな手法について、実践例やデータを交えて紹介していきます。

図書館の児童サービスは、現今のDX化の進展に伴いさまざまな変化が起こり、新しい試みがされています。第3章では、現今の読書環境から始めて、電子書籍と児童サービス、電子図書館の機能とを兼ね備えた図書館であるハイブリッド図書館における児童サービス、児童サービス担当者の学習支援、デジタルアーカイブを活用した教育、特別な支援を必要とする児童のための取り組みに分けて考えてゆきます。

本書は、子どもの読書にかかわる方、司書を目指す方、現在司書として働いている方にも改めて勉強していただきたい内容を記載しました。しかし、スペースの都合上、書き尽くせない部分もあります。図書館へアクセスできる方は、ぜひ参考文献も併せてお読みください。また、即座に情報にアクセスできるように参考文献一覧にはQRコードを記載していますので、ぜひそれらの情報にも触れていただけたらと思います。なお、本書で紹介している★付きの上付き数字が書かれている資料の書誌情報は付録Aにまとめています。

本書を読んでくださる読者の皆さんと共に新しい児童サービスの地平をひらいていきたいと願って本書を編みました。子どもたちが生涯にわたり読書に親しみ、より良い未来を切り開く市民となるよう子どもと本を結ぶ支援者として邁進してまいりましょう。

2024年6月

著者一同

目次

第2章　子どもと本をつなぐ方法

第3章 デジタル環境における児童サービス

付録A

付録B

第1章
児童サービスの役割

本章では、児童サービスの定義や目的、意義、子どもの発達と読書、児童サービスのあゆみと現状、将来像、児童サービス担当者の業務、養成と研修、さまざまな児童資料について説明します。

1.1　児童サービスの定義と目的および意義

本節では、児童サービスの定義と目的および意義や役割について説明します。本書では児童サービスの対象年齢を、『IFLA（International Federation of Library Associations and Institutions：国際図書館連盟）』[1]が明示しているように0歳から18歳までとします。

1.1.1　児童サービスの定義と目的

図書館における児童サービスの定義は、『図書館情報学用語辞典』[2]に、以下のように定義されています。

> 公共図書館が提供するサービスの中で，特に幼児から中学1年生程度を対象とするもの．児童奉仕ともいう．幼児や児童は文字や本に初めて接する年代であり，この時代の体験が生涯の読書習慣の形成や図書館利用に大きな影響を及ぼすため，読書は楽しいもの，図書館は楽しい所といったことが体感的に理解されるようなサービスが必要とされる．具体的には，児童用コレクションの構築と運用，本の紹介や本選びの援助，また，ストーリーテリング，読み聞かせ，ブックトーク，お話し会など子ども向けの集会の開催や学級訪問などの行事などがあり，さらに特別な施設に収容されている児童へのサービス，団体貸出を始めとする子ども文庫や親子読書会への協力が含まれる．

児童サービスの目的は、子どもが自立した生涯学習者となるように本と子どもを結ぶことです。言い換えれば、子どもが読書をする習慣を身に着けられるように導くことです。

1.1.2　児童サービスの意義

『図書館情報学ハンドブック』[3]には、児童サービスの意義として以下の4点が挙げられています。

> 第1は，児童サービスの発達において常に目的とされてきたよう

> に，子どもと本を結び付け，子どもに読書の楽しみを伝えることである。
> 第2は、子どもの＜情報へのアクセス権＞を保証することである。
> ＜中略＞
> 第3は、子どもにとって図書館は公共性を身に付ける場ともなり、長じて継続して公共図書館の利用者となることが期待される点である。
> ＜中略＞
> 第4は、子ども自身が将来,公共図書館のよき理解者・支援者となることが望まれ，また，子どもの利用をきっかけにその周辺のおとなが図書館を理解し利用者となることが認められることである。

言い換えれば、児童サービスの意義は、子どもが生涯を通して自立した学習者として、心豊かな人生を歩めるように子どもに読書の楽しみを伝え、子どもの情報へのアクセス権を保証し、公共性を身につける場として、子ども自身が将来、図書館のよき理解者・支援者となるように支援することにあるのです。

1.1.3　図書館における児童サービスの役割

図書館における児童サービスには、地域社会に貢献できる良き市民育成のため、生涯学習者を育成するために、子どもと本を結ぶという役割があります。

そのためには、乳幼児期から青少年期に至るまでに、それぞれの時期に応じた心を豊かにする適切な環境と資料、メンターとして導いてくれる人が必要です。そして子どもたちにはそれらを求める権利があります[4]。そのために各図書館では一般成人とは別に、児童サービスを提供しているのです。

1.1.4　児童サービスにおける子どもの読書と読書活動への支援

図書館における子どもと本を結ぶ児童サービスは、具体的には子どもの読書活動を支援することです。

子どもの読書はどのような状態にあるのか、それを知るには、まず、長年子どもと読書について調査を行っている公益社団法人全国学校図書館協議会の2023年の第68回学校読書調査を見てみましょう。それによると2023年5月1か月間の平均読書冊数は、小学生は12.6冊、中学生は5.5冊、高校生は1.9冊であり、不読者（5月1か月間に読んだ本が0冊の児童生徒）の割合は、小学生は7.0％、中学生は13.1％、高校生は43.5％です[5]。これによって不読者の割合が高いことがわかります。不読者の割合が高いことは単に読書によって得られる知識や情報が少ないというだけではなく、自己と対話し、自己認識を深め、生涯学習者として豊かな人生を送るために必要な読書習慣を身に着ける機会を逃してしまうことになりかねないということです。

また、文部科学省の「R4_調査概要リーフレット（電子図書館・電子書籍と子供の読書活動推進に関する実態調査）」[6]では、子どもの読書活動推進のためのポイントがいくつかまとめられています。本書第3章ではポイントとして挙げられた次の3点に着目してデジタル時代の児童サービスについて論じ、事例を紹介します。

(1) 図書館と学校の連携

(2) 学習における電子書籍の活用

(3) 電子書籍サービスを様々な児童生徒が活用する工夫

1.2　子どもの発達と読書

本節では、読書能力・読書興味の発達段階、読書興味に応じた資料、また児童サービスにおける年齢対象別サービスについて説明します。

1.2.1　子どもの読書を手助けする理由

子どもの読書を手助けする理由について、松岡享子氏は『サンタクロースの部屋：子どもと本をめぐって　改訂新版』[1]で次のように書いています。

> 子どものことばをあやつる能力は、㈠話されたことばを聞いてわ

かる、(二)自分でも話せる、(三)書かれたことば、つまり文字が読める、(四)自分でも書ける、という順序で発達していきます。一つか一つ半くらいで、自分ではほとんど何も言えない子でもおとなのいうことは、驚くほどよくわかっていますし、四、五歳で、字は全然読めない子でも、話してやると、かなりこみいった、長い話でも、ちゃんとわかってたのしめるものです。ですから、たとえ字を少しおぼえたからといっても、四、五歳から、おそらくは十一、二歳くらいまでの子どもでは、話されたことばを聞いて理解する能力の方が、書かれたものを読んで理解する能力よりも、ずっと先をいっていると考えてよいでしょう。

ということは、もしこの時期に、まわりにいるおとなが、少しも本を読んでやらず、もっぱら子どもが自分で読むということとなると、その本は「書かれたものを理解する能力」つまり、その時点では、その子の能力の幅のうち、低い方に焦点を合わせて、選ばなくてはならなくなります。

血湧き、肉躍る大冒険物語でも、じゅうぶんたのしめる子が、「はしる、はしる、こいぬがはしる」式の、大きな字で書かれた本を読むしかないということになります。

〈中略〉

読む力が聞く力に追いつくまでのこの時期は本というものに対する興味や信頼をつなぐ意味でも、知的にも、情緒的にも、子どもの中のいちばん高い、いちばん発達した部分を刺激するためにも、おとなが本を読んでやることはよいことだと思います。

私たち大人は、子どもたちが自然と本を読めるようになると思いがちですが、子どもが本を読めるようになるには、図1.1に表したように、いくつかの段階を経なければなりません。子どもたちが、話された言葉を聞いて理解することからうまく書かれた言葉を読んで理解できるように（図1.2)、周りの大人が、本を読んであげるなど手助けするが必要があります。ここに、児童サービスの特殊性と普遍性があると言ってよいでしょう。

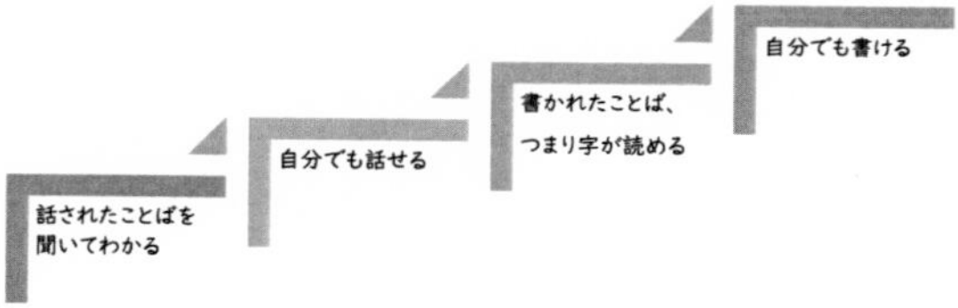

図1.1　子どものことばをあやつる能力の発達（著者作図）

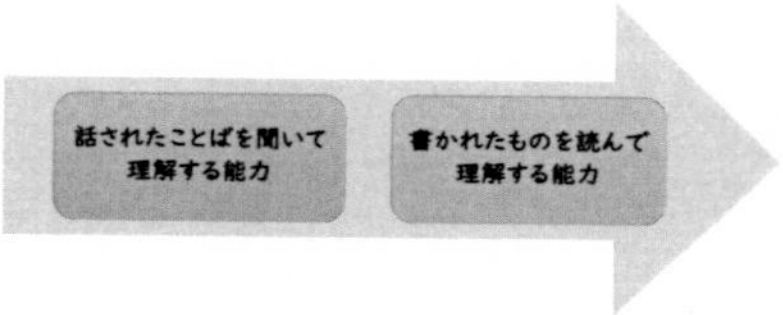

図1.2　4・5歳〜11・12歳までの能力（著者作図）

1.2.2　読書能力・読書興味の発達

1.2.1項で述べたように、子どもたちが発達段階（階段状の変化の一段ずつ）を経て、本を読めるようになるには、面白そうな本を選びとる能力が必要になってきます。その手助けをしていくには、心身の発達段階においての読書能力・読書興味の段階を知っておくことが大事です。

子どもの読書興味は、個人がどのような内容の本を好んで読むかという読書材の選択を規定する傾向性[2]で、その時期その時期に克服すべき心身の発達段階と密接に関係しています。表1.1[3][4]のように読書興味と心身の発達段階の発達は、それぞれの時期区分がぴったり重なっています。

次に、読書能力とは、本を読んで「面白い」と思える力のことで、言葉の操作能力です。読み書きができることを「識字（リテラシー、literacy)」と言い、読み書き能力がないことを「不識字」または「非識字（illiteracy)」と言います。

また、本を楽しむことが可能な心理的準備が出来上がった状態を「読書のレディネス」と呼びますが、その状態になるには、基本的なリテラシーと豊かな経験が必要です。豊かな経験がなければ、状況をイメージすることができません。自分の経験の記憶と重ね合わせて、自分なりの感動を呼び起こさせることが本当の意味でのリテラシーだと言われています[3]。

そして、読書興味の発達と読書能力の発達の時期区分は、少しずれています。それは、次のような理由があります。子どもたちにとっては面白い本が良い本で、興味ある本を読んでいくことで、読書能力を発達させます。しかし、子どもたちが面白いと思うもの（興味をもつもの）は、必ずそれぞれの段階において克服すべき発達課題（発達上の乗り越えるべき階段）に即したもので、それを克服するのに時間を要するからです。

したがって、子どもたちの発達を手助けしようとするなら、その年齢の子どもが「面白い」と思えるような本を読むことを薦めましょう。一定の能力が備わっていれば、子どもたちはそれを「面白い」と思って読み、知らず知らずのうちに読書能力を発達させることができます。それと同時に、それぞれの発達課題を自己の内面に取り込み、想像以上の達成欲求を満たすことができます。子どもの発達には個人差がありますが、低年齢ほど読書興味は共通性が高いです。表1.1には読書興味にあった資料例も合わせて紹介しています。「適書を適者に適時に」に届けるように、子どもと子どもの資料を知るよう努めましょう[3]。そして、個性や興味に応じて「プラスマイナス２年」ほどの余裕を見ておくとよいでしょう。

表 1.1　心身の発達段階と読書興味・読書能力の発達（[3][4] を基に作成）

心身	年齢	読書興味	資料例	読書能力		
社会適応期	19	思索期	ケーキの切れない非行少年たち★26 友だち幻想★25 きみの友だち★24 ぼくはイエローでホワイトで、ちょっとブルー★23	成熟読書期	個性的読書期	読書の目的、資料の種類に応じて、適切な読書技術によって読むことができる成熟した読書人としての水準に達する時期である。学術論文なども読むことができるようになる。
	18					
個性自覚期	17					
	16					
連中期	15	文学期	赤毛のアン★22 二年間の休暇★21 西の魔女が死んだ★20		共感的読書期	読書による共感を求めて、それに適合する読書材を選択する。多読の傾向は減少し、共感したり、感動する本に出会うと、何度も読むようになる。
	14					
第二反抗期	13					
	12	伝記期	トムは真夜中の庭で★19 カカ・ムラド～中村のおじさん★18	多読期	選択的多読期	語彙の量が飛躍的に増加する。また、自分の要求にあった読書材を適切に選択することができるようになる。内容を評価したり、鑑賞したりすることができる。文章の内容によって読む速度を調整できるようになる。この段階で、発達がとまる者、以後かたよった面だけが発達するものがでてくる恐れがある。
徒党期	11	物語期	冒険者たち★17 モモ★16 がんばれ、ヘンリーくん★15			
	10				無差別多読期	読書技術が発達して多様になり、目的に応じた読書ができるようになる。自発的になんでも読むようになるが、本の選択は不十分である。理解と記憶がよくなり、読みの速度も大幅にアップする。参考資料や新聞をうまく利用できるようになる。
知識生活期	9	童話期	子どもに語るグリムの昔話★14 チム・ラビットのぼうけん★13			
	8			初歩読書期	基礎読書力熟成期	初歩の読書技術が身につく。本の終わりまで読み通すことができるようになる。また、自分の考えと比較しながら読むような創造的な読み方ができるようになる。
想像生活期	7	寓話期	ちいさいおうち★12 スーホの白い馬★11 エルマーのぼうけん★10 くまの子ウーフ★9		読書習慣形成期	本を読む習慣がつき始め、語彙の量が増えて、新しい言葉があっても、推測しながら文意をつかむことができるようになる。文字であらわされた情景をイメージできるようになる。
	6				独立読書開始期	一人で読み始め、速度は遅いが読むことは楽しいと実感する。
第一反抗期	5	昔話期	ぐりとぐら★8 どろんこハリー★7 かにむかし★6 じめんのうえとじめんのした★5	読書入門期	読書開始期	かな文字が全部読めるようになる時期。1字ずつの拾い読みのため、時間がかかる。今まで読んでもらっていた本を自分で読もうとする。
	4				読みのレディネス促進期	話し言葉で通信をしている段階。文字の存在を意識し、絵本に興味を示す。
しつけ期	3	子守話期	しろくまちゃんのホットケーキ★4 ちいさなうさこちゃん★3	前読書期		話し言葉で通信をしている段階。文字の存在を意識し、絵本に興味を示す。
	2					
	1	わらべうた期	おつきさまこんばんは★2 いないいないばあ★1			
	0					

1.2.3　乳幼児サービス・ヤングアダルト(YA)サービス

児童サービスは、その対象を細かく言うと、生後から3歳までへの「乳幼児サービス」、その後の就学前児から小学生への「児童サービス」、中学生・高校生への「ヤングアダルト(YA)サービス」に分かれます。これらは枠組みにすぎず、各サービスに明らかな境界線はありません。また、親・保育者・学校の教師、子どもの本や児童サービスを勉強している学生、研究者、児童書の作り手など子どもを取り巻く「大人」も児童サービスの対象となります[5]。

その中で、「乳幼児サービス」と「ヤングアダルト(YA)サービス」には年齢特有の特徴があります。そこで、本項ではそれらのサービスの指針について紹介します。年齢に応じた具体的なサービスなどについては2.1節と2.9節をご参照ください。

(1) 乳幼児サービス

「IFLA 乳幼児への図書館サービスガイドライン」[6]には、目標として主に以下のようなことが書かれています。

・乳幼児とその保護者が図書館を利用しやすく、快適で安全な場所と感じるような環境を整備する

・本、マルチメディア、情報資源、文化的な資料など、多種多様な資料を整備し、提供する

・乳幼児の言語発達を促進し、その両親や保育者に子どもの言語読解能力の発達に読書や読み聞かせが重要であることを知らせ、年齢相応の資料の使い方について講習を行う

(2) ヤングアドルト(YA)サービス

「IFLA ヤングアダルトへの図書館サービスガイドライン」[7]には、次のような目標が書かれています。

> ・ヤングアダルト図書館サービスは，児童サービスから一般サービスへの移行を，ヤングアダルト特有のニーズに沿った形で提供

するものでなくてはならない。
・ヤングアダルトは，彼らの学習・情報・文化・娯楽等のニーズに対応するサービスを必要とし，またそうしたサービスを受ける権利がある。
・サービスは，読み書き能力，生涯学習，情報リテラシー，ならびに楽しみのための読書を促進するものでなくてはならない。

1.3　児童サービスのあゆみと現状

本節では最初に、19世紀末より公共図書館活動を先導してきたアメリカにおける児童サービスのあゆみを確認します。次に、戦後1950年の図書館法公布を機にアメリカの児童サービスを受容し、発展を遂げることになった日本の児童サービスについて説明します。具体的には子どもの読書推進活動の取り組み、児童図書館の現状に触れるとともに、デジタル化への対応や地域社会との関わりについて確認します。

1.3.1　児童サービスのはじまり

アメリカ児童図書館の黎明期には、図書館学校の設立による児童図書館員の誕生と女性図書館員による児童サービス開始があります。そこで本項では、児童図書館の開館と、児童サービスを切り拓いた2人の図書館員の話から、アメリカの児童図書館の歴史をたどります[1]。

(1) ビンガム青少年図書館

19世紀のアメリカ公共図書館の多くは、14歳以下の子どもの利用を認めていませんでした。その状況を変えようと、教育者であり本屋を営んでもいたケイレブ・ビンガムは1803年にコネチカット州ソールズベリー市に蔵書を寄付し、9歳から16歳の子どもたちを対象に図書の貸出を行いました。これが児童図書館の先駆としてよく知られているビンガム青少年図書館です。青少年図書館というのは、生涯教育を目的とした文化団体から派生した会員制図書館です。

(2) キャロライン・ヒューインズの児童サービス

1875年、キャロライン・ヒューインズ(1846～1927)はコネチカット州ハートフォード市の青少年図書館に司書として採用されました。ヒューインズは着任当初から14歳以下の子どもたちを正当な図書館利用者とみなしていました。

アメリカの児童サービスは、1876年アメリカ図書館協会が発足したこと、ウイリアム・フレッチャーが年齢制限廃止を発表して児童や青少年に対する公立図書館の役割を論じたことと時を同じくして始まっています。ヒューインズは、1882年に児童書のブックリストを出版するなどの活動を行いました。ヒューインズの影響は市レベルにとどまらず全国に及び、1891年にはアメリカ図書館協会の副会長を務め、児童分野の専門家として活躍しました。また、1892年にハートフォード市の青少年図書館が無料化に踏み切った際に年齢制限を廃止しました。そして1904年には、児童専用の図書室を開設しました。

ヒューインズは児童サービスという概念を具体化し広めた、いわば児童サービスのパイオニアです。

(3) アン・キャロル・ムーアの児童サービス

1800年代にプラットインスティテュート図書館学校(The Library School of Pratt Free Institute)が設立され、児童サービスのための特別な講座を開講していました。そこで学んだ女性図書館員にアン・キャロル・ムーア(1872-1961)がいます。ムーアは卒業後、プラット研究所で始まったばかりの児童図書館の事業に招かれ、1896年から1906年までの10年間、そこで児童図書館の発展のために指揮をとりました。その後、1906年にニューヨーク公共図書館児童部門の主任として招聘されました。ムーアの教えは、「子どもたちへの尊敬」「本への尊敬」「同僚への尊敬」「児童図書館員という専門職への尊敬」の4つであったそうです。

また、ストーリーテリングを始めたこと、出版社に働きかけて児童書の出版を促し、それらの作品をブックリストとして出版したことでも有名です。さらに、児童に対する年齢制限を廃してすべてのニューヨーク公共図書館分館に児童室を設置しました。その活動は、現在の児童サービスの基礎となったと言われています。ちなみに、キャロライン・ヒューインズ（図1.3）とアン・キャロル・ムーア（図1.4）は、親交があったそうです。ムーアは、ヒューインズの影響を受け、図書館における児童サービス活動の普及に力を尽くしました。

図1.3　キャロライン・ヒューインズ

図1.4　アン・キャロル・ムーア

(4) 児童図書館員の養成

1900年にはピッツバーグ・カーネギー図書館で児童図書館員の養成が始まりました。この講座はストーリーテリング、児童文学、図書館学などの講義と図書館現場での実習があり、特に図書館員指導の下での現場実習に重きがおかれていました。このことは、アメリカの先駆的児童図書館員の一人であるエフィー・パワーが著した児童図書館サービスの教科書"Library service for children" (1929)の中で初めてブックトークという言葉が登場した、とされていることからもわかります。

アメリカの児童サービスは、その時々の政治や社会、子ども観の影響受けてきましたが、読書が子どもに豊かな実りをもたらすという信念は、専門の児童図書館と児童図書館専門の図書館員の養成によって、また、その活動を支援する数多くの作家や編集者たちの活躍によって受け継がれています。

1.3.2　日本における児童図書館のあゆみと現状

児童図書館とは、児童サービスに関わる公立・民間を問わず施設や機関を総称したものです[2]。日本で初めて児童サービスが行われたのは、1887年に東京神田に開設された大日本教育会附属書籍館小学部の児童図書館と言われています。また、1902年に博文館創業者の大橋佐平と息子の新太郎が開設した私立大橋図書館では、有料制ではありましたが12歳以上の子どもの閲覧を許可していました。明治・大正期には一部の図書館で児童室が設けられ、児童のための活動が展開されました[1][2]。

(1) 公共図書館

公立図書館として、初めて児童閲覧室を設置し児童サービスを行ったのが1903年7月6日に開館した山口県立山口図書館です。初代図書館長であった佐野友三郎は、アメリカの公共図書館制度を熟知し児童サービスの浸透に尽力しました。具体的には、12歳未満の児童のために選書した約400冊の図書を閲覧室の書架に並べ、図書を直接手にとって選ぶことができる自由接架式を採用しました。自由接架式は、当時の公立図書館が資料管理に重点を置いていたため、画期的なサービスといえます。さらに、1920年には土足のまま入室できる新聞閲覧室を新築し独立の児童閲覧室を設置しました[3]。

同時期には大阪、京都の府立図書館が児童閲覧室や児童専用閲覧席を設けていきました。また、東京市立日比谷図書館は、1915年に今澤慈海が館頭に就任してから、東京市全館で児童サービスを無料とし、年齢制限を撤廃しました。さらに、沖縄では沖縄学の父と呼ばれた伊波普猷（いは・ふゆう）が沖縄県立沖縄図書館を設置し、当時としては画期的な児童・婦人室を設け運営にあたりました。児童室ではストーリー・テリングアワーやおとぎ話の会を行い、多くの児童が参加し好評だったようです[4]。当時の活動の様子が地元新聞（沖縄毎日新聞 1911年8月1日）に、以下のように記されています。

> 沖縄県立図書館にては毎週一回若しくは二回来館の児童に対し談話時間《ストーリーアワー》なるものを設け児童に読書の方法若しくはお伽噺の講話等を試み学校教育に図書館教育を施し児童の知識を啓発し品性を高尚ならしむることに努め居れる（中略）西洋などには○○○談話時間を実行し頗る効果ありしものゝ如しと館長伊波氏は云われたり

│　　　　○○の部分は判読不明

このように当時の沖縄県立図書館では“談話時間”が活発に設けられており、それに加え伊波は自宅で「子どもの会」を発足、子どもの読書、学修環境を整えることに力を注ぎました[5]。このように明治から大正期にかけて児童図書館が誕生、児童サービスは本格化されていきます。しかし、1931年の満州事変の勃発から思想の統制、検閲が図られ、さらに太平洋戦争による甚大な物的・人的被害を受け、終戦まで児童図書館は長い停滞期に入りました。

第二次世界大戦後は、占領下（1945年9月2日～1952年4月28日）において連合国総司令部(GHQ)による民主主義政策の一環として、アメリカによって運営されたCIE図書館が全国の主要都市に設置されました。全国各地のCIE図書館では、お話し会の開催（大阪、静岡、函館、長野)、子ども図書館のモデルルームの設置（広島)、子ども祭への出前展示（高松）といった多彩なサービスを展開していました[6]。1952年4月28日に占領が終結した後も、CIE図書館は、アメリカ文化センターに移行するなどして米国流の文化的事業が継続していきました[7]。

公共図書館における児童サービスは、1950年の『図書館法』公布を受け、徐々に組織的な活動へと発展していきます。日本図書館協会(JLA)は、1963年に『中小都市における公共図書館の運営』（いわゆる“中小レポート”）を発表し、サービスモデルとして、東京都の日野市立図書館による移動図書館『ひまわり号』の運行や古くなった都電を利用した児童図書館の設置といった市民への貸出を重視した実践が注目を集めました。この日野の事例をサービスモデルとして全国に普及する目的でJLAは1970年に『市民の図書館』を刊行し、児童サービスを重要なサービスの一つとして位置づけます。これをきっかけに全国の公共図書館では、児童室（コーナー）の設置が大幅に進んでいきます[8]。

『市民の図書館』では、児童サービスについて、えほんの会、お話し会(ストーリーテリング)、読み聞かせ、本の紹介（ブックトーク）といった子どもと本をつなぐ方法を紹介しています[9]。

一方で、戦後の私立図書館の動きとして、1974年にかつら文庫、松の実文庫、土屋児童文庫、入舟町土屋児童文庫の４つの家庭文庫をもとに東京子ども図書館が設立されました。東京子ども図書館は1980年代以降、我が国における児童サービスを牽引する民間の児童図書館として、乳幼児サービス、ヤングアダルトサービス、外国にルーツのある子どもや障害のある子どもに向けてのサービスモデルとして存在しています[2]。

(2) 国際子ども図書館

子ども読書年である2000年には、日本初の国立の児童書専門図書館として東京上野に国立国会図書館の支部図書館である国際子ども図書館が開館しました。国際子ども図書館は2016年３月に全面リニューアルオープンし、以下の３つの機能を有しています[10]。

(1) 児童書の専門図書館としての役割
(2) 子どもと本のふれあいの場としての役割
(3) 子どもの本のミュージアムとしての役割

(1)～(3) について詳しく見ていきます。(1) は、納本制度によって収集した国内・外国刊行の児童書をはじめ、児童サービス用資料、学校図書館セット貸出用資料、児童雑誌など多彩なコレクションを有す役割を担っています。併せて、収蔵している国内刊行図書や国内雑誌のデジタル化を図っています。

(2) では、子どもたちが図書館や読書に親しむきっかけとなるサービスを行っています。特に、館内に子どものへや・世界をしるへやを設置するなど国内外の絵本、読み物、知識の本といったさまざまな児童書を提供するとともに、各種イベント、館内見学ツアーを開催し、情報を発信しています。近年は、中高生向けのオンラインイベントの開催やキッズページにコンテンツをアップするといったオンラインサービスの充実を図っています。

(3) は、児童書のもつ魅力を広く一般に紹介するミュージアムを目的とした児童書に関する展示会の開催が挙げられます。具体的には、児童書研究資料室や児童書ギャラリー、調べものの部屋での企画展示、日本国際児童図書評議会 (JBBY：Japanese Borad on Books for Young People) など他機関から資料を借用して実施する巡回展示、共催による展示を行っています。

2020年4月以降、新型コロナウイルス感染症の拡大で来館を前提としたサービスが制限されつつも、「子どもの本は世界をつなぎ、未来を拓く！」という理念は揺らぐことなく、ソーシャルメディアによる情報発信、国際子ども図書館のレンガ棟の3Dビュー映像といったバーチャルリアリティコンテンツの配信等のオンラインによる広報にも力を注いでいます。

国際子ども図書館は、子どもの読書に関連する内外の諸機関と緊密に連携・協力し、専門的で効率的かつ効果的なサービスの実施に努め、地域や利用形態に偏らない幅広い利用者を対象としたサービスを展開しているといえましょう。

1.3.3　子どもの読書推進活動

2000年以降、我が国では子どもの読書を進めるさまざまな活動が見られます。以下、時系列で見ていきます。

2000年に国会では「子ども読書年」の制定に関する決議がなされました。その翌年、2001年に『子どもの読書活動の推進に関する法律』が制定されます。この法律の条文では政府が『子ども読書活動推進基本計画』を策定するとともに都道府県・市町村に対し、独自の『子ども読書活動推進計画』の策定を閣議決定し、以後、政府は概ね5年ごとに計画の見直しを求めるとされています。同法では4月23日を「子ども読書の日」と定めています。また、併せて「子どもゆめ基金」が創設され、民間が実施する読書活動を支援する助成金も交付されるようになりました。また、ブックスタート事業もこの頃から始まりました[2][11]。

2005年には、『文字・活字文化振興法』が制定され、同年12月に文部科学省が『読書力向上プログラム』を発表しました。その背景にはOECD (Organisation for Economic Co-operation and Development：経済協力開発機構）による『生徒の学習到達度調査』(PISA：Programme for International Student Assessment)で示された日本の子どもの読解力の低下への危機感がありました。追って、2007年度に文部科学省は『子ども読書応援プロジェクト』を創設し、プロジェクトの具体的な実践にあたり、

「子どもの読書サポーターズ会議」を発足しました。

2014年に『学校図書館法の一部を改正する法律』が公布され、学校図書館に学校司書を置くことが明記されました。さらに、2016年には『学校図書館ガイドライン』が策定され、学校図書館の管理者いわゆる図書館長として新たに校長の役割が示されました。加えて、学校司書が求められる知識・技能を整理した『学校司書のモデルカリキュラム』を新たにとりまとめ、学校司書の養成に向けた道筋を示しました。同年には『幼稚園、小学校、中学校、高等学校及び特別支援学校の学習指導要領等の改善及び必要な方策等について（答申）』を受け、学習指導要領が順次改訂され、言語活動の充実や学校図書館の計画的な利用、児童生徒の自発的な読書活動の充実が示されました。

2019年、『視覚障害者等の読書環境の整備の推進に関する法律』いわゆる読書バリアフリー法が施行されました。これによって今日、障害の有無にかかわらず、すべてのこどもが読書の恩恵を受けることを可能とする施策が強く求められています。そして、2023年には『第5次子どもの読書活動の推進に関する基本的な計画』[12]が通知されました。その基本的方針として、

(1) 不読率の低減
(2) 多様な子どもたちの読書環境機会の確保
(3) デジタル社会に対応した読書環境の整備
(4) 子どもの視点に立った読書環境の推進

の4点が示されました。

コロナ禍を経て子どもの読書活動はどうなっているのでしょう。2022年策定の『第6次学校図書館図書整備等5か年計画』[13]を通じ、計画的な図書の更新、新聞の複数配備、学校司書の配置拡充といった子どもの読書環境の整備充実が図られています。一方で、世界的な新型コロナウイルス感染症の感染拡大という緊急事態で学校の臨時休業、図書館の臨時休館等により、読書材へのアクセスがしにくい状況が生じたことは否めません。そのため、コロナ禍において前述した『第5次子どもの読書活動の推進に関する基本的な計画』の基本的方針である③の「デジタル社会に対応した読書環境の整備」についての機運が高まっています。具体的には学校におい

て個別最適な学び、協働的な学びの一体的充実、新型コロナウイルス感染拡大や災害等における教育の保障を実現するため、早期にGIGAスクール構想を実現する運びとなりました。

ちなみにGIGAとはすべての児童・生徒のための世界につながる革新的な扉、Global and Innovation Gateway for Allの略です[14]。GIGAスクール構想では、児童生徒向けの一人一台端末と、高速大容量の通信ネットワークを一体的に整備し、多様な子どもたちを誰一人取り残すことのなく、公正に個別最適化された創造性を育む教育を、全国の学校現場で持続的に実現することを目指しています。

デジタル社会の到来を踏まえ、子どもの言語能力や情報活用能力を育むとともに、多様な子どもの読書機会の確保、非常時における図書等への継続的なアクセスを可能とするために、健康や発達段階に配慮しつつ、電子書籍等の利用、図書館のDX（デジタルトランスフォーメーション）を進める必要があります。図書館におけるDXとは、図書館がデータとデジタル技術を活用して、利用者個人、関係するコミュニティのニーズをもとにサービスや運営のモデルを変革するとともに業務そのものや、組織、プロセス、図書館文化・風土を変革し、優位性を確保することです。

DXについては、すでに独自に電子図書館を構築し、電子書籍を含む図書の貸出数が急増した地方公共団体もあります。コロナ禍を経て遠隔でのオンラインサービスを通じ、利用者に寄り添う継続的な支援が行われている良い例です。このような遠隔でのサービスを導入する試みは、さらなるデジタル化を推進する上で重要な視点といえましょう。

1.3.4 地域社会との関わり

ここでは、児童サービスを行う上での地域社会との関わりについて確認していきます。現在は、子どもの読書活動を推進するという目的のもと、地域・学校・家庭が一体となった連携や支援が求められており、子どもを中心に据えたさまざまな取り組みが見られます。具体的には、以下の関係機関・団体との連携・支援が想定されます[15]。

・学校

・幼稚園、保育園、認定子ども園
・子ども文庫(家庭文庫、地域文庫などさまざまな名称があります。)
・保健所、保健センター
・類縁機関（科学館、博物館、美術館などが該当します）
・図書館に所属・登録した民間等のボランティア団体

(1) 読書条例の制定

現在はさまざまな連携、支援のかたちが見られます。例えば、学校や家庭とともに地域社会と関わりをもちながら、地方公共団体によっては読書条例を制定し、子どもの読書推進活動を図っています。

読書条例ができる背景には、2001年に制定した『子どもの読書活動の推進に関する法律』の存在があります。加えて、2005年の『文字・活字文化振興法』の制定も相まって、読書、活字文化の振興を目的とした両法によって地方自治体による主体的な読書推進活動が図られました[16]。

なお、地方自治体における読書条例制定の最新状況は、一般社団法人地方自治研究機構のウェブサイトに記載されています。2023年3月27日現在、20の県・市町で読書条例が制定されており、そのうち、半分の10県・市町が議員提案による制定です[17]。

我が国で最も早くに制定されたのが、宮崎県高千穂町の『高千穂家族読書条例』（2004年3月29日公布・同年4月1日施行）です。第1条には条例の目的として「読書の意義と教育的効果を再認識し、行政と学校並びに町内の各家庭が一体となって家族ぐるみの読書運動に取り組むことにより、家族間の望ましい人間関係の醸成と次代を担う子どもたちの心豊かな成長に寄与すること」を挙げています[18]。また、県での制定は、2023年5月現在、秋田県、徳島県、群馬県の3県あり、秋田県が最も早い制定（2010年3月30日公布、同年4月1日施行）です。

読書条例が公立図書館における児童サービスを展開する中で、有効に機能している自治体の一つに北海道の恵庭市があります。恵庭市は『恵庭市人とまちを育む読書条例』(以下、『恵庭市読書条例』と記します。2012年12月18日公布、2013年4月1日施行）を定めました[19][20]。

『恵庭市読書条例』では、子どもから大人まで、だれもが等しく読書活動に親しむことができるよう、読書の環境づくりに力を注ぎ、市民とともに地域ぐるみで読書のまちづくりを推進しています[19]。恵庭市は、条例制定以前からブックスタート事業を全国に先駆けて実施しており、その背景には図書館が児童サービスを運営の中心に据え、市内の幼稚園・保育園等と読書推進活動に関わる連携を図ってきたことがあります。そのため、『恵庭市読書条例』の2条3号では、読書活動の範囲を「読み聞かせ、一斉教育、調べ学習、読書会、本のリサイクル及びその他の読書に関する活動」と広範に位置づけています[19]。加えて、市内の飲食店や会社等に本を並べた小さな図書館や文庫を「マイクロライブラリー」と位置づけた“恵庭まちじゅう図書館”といったユニークな取り組みも行っています。

ほかにも、子ども条例の中で読書活動の推進を規定している地方公共団体（長野県茅野市、愛知県西尾市）があります。さらに、「読書のまちづくり」という観点から図書館の施設や資料費を捻出する基金を条例で設置した地方公共団体（熊本県、愛知県豊橋市）もあります。

(2) 子ども文庫

明治期から我が国において子どもの読書施設として多大な貢献を果たしたのが、いわゆる子ども文庫（「家庭文庫」「地域文庫」あるいは「児童文庫」「子供文庫」とも呼ばれています。）です（図1.5）。子ども文庫は、公立図書館の設置が十分ではなかった戦前期から、民間の市井の人たちの熱意によって独自に展開されていました。特に1960年代以降、子ども文庫の数は飛躍的に伸び、現在でも約1,000近い文庫が存在するといわれます[21]。

子ども文庫は、横のつながり、ネットワークが強く、戦後すぐに連絡会や研究会が立ち上がりました。また、1970年代以降には文庫の主宰者を中心に行政への公立図書館の設置やサービスの改善を求める運動も盛んになりました。このような子ども文庫の活動が公立図書館とりわけ児童サービスの発展に寄与した点は特筆に値します[2]。

図1.5　子ども文庫の例：松本記念児童図書館おじいさんのもり（大分県別府市）

1.4　児童サービス担当者の業務、養成と研修

本節では、児童サービス担当者が子どもや子どもを取り巻く関係の方々に向けて行う基本的な業務を解説します。公共図書館では、児童サービスの浸透を図るため、レファレンスサービスや広報活動を展開しています。なお、児童サービス担当者の業務は、専門性をもった図書館員が担うことを求められています。ここでは、新たな担当者の養成と現職者に向けた研修について説明します。

1.4.1　フロアワーク

フロアワークは、カウンター以外のサービスフロアで行われ、子どもと直接ふれあうことのできる業務の一つです[1]。一方で、子どもとカウンター越しで会話を交わしながらサービスを行うことをカウンターワークと呼びます。ただ、カウンターの業務に追われてくると、子どもが何を求めているかを知る余裕をもちにくくなります。

フロアワークでは、書架やフロアを巡り、一人ひとりの子どもに寄り添うことで利用案内や読書案内、レファレンスに向けた適切な支援をすることができます。また、幼い子どもにとっては、両親や家族とは異なる大人に対する警戒心もあるので、保護者と来館している場合でも、子どもの視線に立って名前で呼びかけ、笑顔で接するといったアットフォームな雰囲気づくりを心がける必要があります[2]。

　また、自分の探している本がどこにあるか、何か面白い本はないかと探している子どもに声をかけて案内することを心がけましょう。もしも、館内で迷っているような子どもを目にしたら、図書館員の方から声をかけていきましょう[3]。

　なお、子どものグループを対象に、児童サービスの一環として行うお話し会、クリスマス会や紙芝居、人形劇、工作会、科学あそびといった行事もフロアワークに含みます[4]。

1.4.2　レファレンスサービス

　子どもが日常生活の中のなぜ？どうして？という疑問を解決するために図書館に来て調べることがあります。また、多くの学校では調べ学習に取り組んでおり、子どもが図書館の資料を使って調べものをしている姿を見かけます。この調べる過程において図書館員に質問を寄せた子どもに対し、蔵書を用いて情報や情報源を回答するサービスをレファレンスサービスといいます。

　昨今の学校における「総合的な学習（探究）の時間」や各教科における探究的な学習に対応するためには、事前に学校との連携を図り、図書館員が課題の内容を把握した上で、子どもにインタビューをしながら、何を調べればよいか子ども自身に理解してもらうことが大切です[3]。そのため図書館員には、解決に必要な資料の探し方や調べ方の手順・方法を子どもに知ってもらい、子どもの自己学習力を高める手助けをするという役割もあります[4]。

　レファレンスサービスでは、カウンターの応対の中でも不意に質問が寄せられる場合があるので、普段からレファレンスサービスに使える参考図書やネットワーク情報資源を用意しておく必要があります。図書館の担当者間で十分な回答を導き出せなかった場合は、他の図書館や博物館、研究機関、専門家の紹介といったレフェラルサービスにつなげることが望まれます。このような読書相談や学習相談も広い意味でレファレンスサービスと位置づけられます。

特に、ヤングアダルト(YA)世代のレファレンスサービスは、世代の特徴に合わせた気遣いと利用教育がポイントになります。彼・彼女らは「大人初心者」であり「図書館初心者」であるため、求める資料を探しだすことに不慣れです。SOSを出せればよいですが、大人の想像以上に困難を伴います。学校の宿題や調べものに来るYAも多いので、探し方や調べ方のポイントを書いたパンフレットを用意したり、学校司書と連携してテーマごとのパスファインダーやリンク集を作成したりしておくとよいでしょう。

1.4.3　広報および情報の発信

図書館では、利用者に向けて役割と存在をアピールするため、さまざまな広報活動を行っています。中でも、児童サービスでは子どもや親子での読書活動の推進のため、広報の一つとしてブックリストを作成、刊行しています。また、昨今は各々の図書館が開設したウェブサイトに情報を発信する専用の入口であるポータルをもつことが一般的です。ポータルからさまざまな情報を発信することで、図書館と利用者である子どもや保護者とのコミュニケーションが生まれ、より良いサービスにつながっていきます[1]。

(1) ブックリスト

図書館が発刊するブックリストとは、読書を薦めるために、一定の基準で選択した本を紹介するために作られた目録です。ブックリストは、子どもや子どもの読書に関わる人たちが目的に合った本を探すために使われます。同時に思いもかけない本に出会うこともできます[2]。

ブックリストの形態にはパンフレット、リーフレットや小冊子といった印刷資料はもとより、インターネット上にアップされている電子資料と多彩です。電子資料の場合、図書館のウェブサイトからブックリストを自由にダウンロードすることができます。

今日、子どもの発達段階に応じてさまざまなブックリストが作成されています。例えば、0歳からの乳幼児に対しては読み聞かせやストーリーテリングに向いた本を、小学校高学年から中学生に対しては時代を越えて読み継がれてきた作品に紹介文を付けているものがあります。子どもたちもブックリストを使いこなすことで、自分が読みたい本を簡単に探すことができるようになります[3]。

＊公立図書館が発刊したブックリストの例[4]

・2023年発刊

仙台市図書館（宮城県）『百架繚乱 10代向けブックリスト 2022 リーフレット版，冊子版』

高根沢町図書館（栃木県）『高根沢町家読おすすめ本』

甲斐市立図書館（山梨県）『絵本のひとときː セカンドブックおすすめ本テスト』

南アルプス市立図書館（山梨県）『本とともに：きみのそばにこの一冊 ：小学校４・５・６年生にすすめる本』，『本とともにあなたに寄りそう意一冊：中学生にすすめる本』

富士河口湖町生涯学習館（山梨県）『ブックスタートリスト改訂版』

愛媛県立図書館（愛媛県）『子どもとたのしむ絵本の時間 小学１・２年生と一緒に読みたい絵本』

宮城県図書館（宮城県）『小・中学生のための読書案内・本のいずみ』

・2022年発刊

墨田区立図書館（東京都）『“絵本” 子育てを楽しむためのガイドブックリスト』，『HAPPY-小学校読み聞かせアドバイスブックレット』

愛媛県立図書館（愛媛県）『子どもとたのしむ絵本の時間 3・4・5歳児と一緒に読みたい絵本』（図1.6）

・2021年発刊

岩沼市民図書館（宮城県）『小学校低学年・中学年・高学年向けおすすめ本のリスト』，『ティーンズ向けブックリスト』

静岡市立図書館（静岡県）『ブックリスト このほんばーった！図書館員が選んだ赤ちゃんから楽しめる絵本 第２訂』

尾道市立図書館（広島県）『長く読み継がれる絵本35』

図1.6　愛媛県立図書館[5]

(2) 情報の発信

多くの図書館では、ウェブサイトで子ども用のポータルをつくり、子どもの発達段階に応じてわかりやすく情報を発信しています。例えば『国際子ども図書館子どもOPAC（オンライン閲覧目録）』のように、子どもの検索に特化した蔵書検索システムを完備した図書館も増えています[1]。

最近は、SNSによって最新の情報を発信する図書館も多くなってきました。SNSで情報を発信する理由は、中高生の本離れへの対応といった若い世代の図書館利用の促進を意識したものと考えられます[1]。

鎌倉市図書館が2015年、旧Twitter（現X）で、「学校が始まるのが死ぬほどつらい子は、学校を休んで図書館へいらしゃい。マンガもライトノベルもあるよ。一日いても誰も何も言わないよ。9月から学校へ行くくらいなら死んじゃおうと思ったら、逃げ場所に図書館も思い出してね。」と発信しました[6]。生きづらさを感じているYA世代にも、「心の居場所としての図書館」の役割が求められています。

1.4.4　児童図書館員の養成と研修

図書館法によって専門的職員と位置づけられる司書・司書補資格を有する図書館員のうち、子どもと本を結びつける専門性をもった担当者を児童図書館員と称します。

ここでは、我が国において児童サービスに従事する児童図書館員の新規の養成、すでに図書館で実務にあたっている図書館員を対象に国や地方公共団体、職能団体等が行っている研修について説明します。さらに、子どもの読書推進活動に関わるための知識や技能、感性を磨くための資格（絵本専門士、認定絵本士）を紹介します。

(1) 児童図書館員の養成

『図書館法』第4条では、公共図書館に置かれる専門的職員を司書・司書補と称しています。そのうち、児童サービスを担当する職員を児童図書館員と呼んでいます[1]。児童図書館員は、幅広い年齢層を対象に新・旧の本を扱い、一人ひとりの子どもに対応する仕事を担っています。それとともに、地方公共団体における子どもの読書環境の整備充実に責任をもつ立場でもあります[1]。また、近年は地域のさまざまな場所で生涯学習社会の中核として活躍する社会教育人材としての活動、役割が期待されています[7]。

2022年に採択された『IFLA－UNESCO公共図書館宣言2022』[8]によりますと、「図書館員は、デジタルと伝統的なもの双方で、利用者と資源の積極的な媒介者」と位置づけられています。その上で「適切なサービスを確実に行うためには専門教育と継続教育を欠くことができない」と規定されています。

つまり、熱意があり訓練を受けた専門性の高い児童図書館員の育成にあたっては、児童サービスに関わるあらゆる分野についての教育と養成が不可欠であると言えます[9]。

我が国における児童図書館員の養成に向けたカリキュラムは、2023年現在、2012年に施行された司書養成のカリキュラム再編を受け、『図書館法』(第5条第1項第1号に規定する図書館に関する科目の履修、および第6条に規定する司書の講習に基づく科目の履修）における『図書館法施行規則』では、「児童サービス論」（2単位）が設定されています（司書補の講習の科目としては「児童サービスの基礎」（1単位）が設定されています）[10]。すなわち、我が国の司書養成では、図書館に置かれる専門的職員である司書・司書補と称する資格を得たい場合は、児童サービスについての知識を修得することが必須となっています。

ちなみに「児童サービス論」は、文部科学省が公表している「図書館に関する科目の各科目の考え方」では、「児童（乳幼児からヤングアダルトまで）を対象に、発達における読書の役割、図書館サービス、図書館資料、学校との協力等について総合的に解説する」科目と位置づけられています[11]。具体的に学ぶ内容としては、

①発達と学習における読書の役割
②理念と歴史を含む児童サービスの意義
③児童資料（絵本および物語と伝承文学、知識の本）
④児童サービスの実際（資料の選択と提供、ストーリーテリング、読み聞かせ、ブックトーク等）
⑤乳幼児サービス（ブックスタート等）と資料
⑥ヤングアダルトサービスと資料
⑦学習支援としての児童サービス（図書館活用指導、レファレンスサービス）
⑧公立図書館との相違点を含む学校、学校図書館の活動
⑨学校、家庭、地域との連携・協力

となっています[12]。

(2) 児童図書館員の研修

図書館の現場で働く児童図書館員に求められる専門的な知識や技術は、前述した「児童サービス論」で学ぶ内容に沿うものです。しかし、今日における情報化の進展や子どもの生育環境の変化といった図書館を取り巻く社会の動向を踏まえ、さらなる知識や技術の修得に努めなければなりません。よって、児童図書館員が関わる図書館業務の管理や運営、サービスに関する技術の修得のための研修が必要です。

『IFLAガイドライン 図書館員の継続的な専門性の発達：原則とベストプラクティス』では、「図書館の管理者には、職員に技能を向上させるプログラムや継続的な学びの機会を提供する責任」が求められています[9]。公立図書館の場合、初任者研修、経験年数に応じた研修、分野ごとの専門性の

向上を図る研修が行われてはいますが、専任の図書館員の減少、非常勤化による民間事業者のスタッフも増えているため、現場で実施することが困難な状況です。その一方で、都道府県が主体的に行う研修や図書館運営に関わる学協会等の研修が充実しています。以下、詳細を見ていきます。

日本図書館協会(JLA)では、児童青少年委員会の活動の一環として、「児童図書館員養成専門講座」や「児童青少年委員会オンラインセミナー」を開催しています[13]。また、公共図書館部会では「全国公共図書館研究集会(児童青少年部門)」を隔年で開催しています[14]。加えて、国立国会図書館国際子ども図書館では、オンラインで「児童文学連続講座」を開講するとともに、さまざまな講演を無料配信しています[15]。また、東京子ども図書館では、「子どもの図書館講座」や働きはじめてまだ経験の浅い方を対象とした「児童図書館員のための初級研修プログラム」を開講しています[16]。

地域レベルで見てみると、都道府県立図書館では、市町村立図書館に勤務している職員、司書教諭や学校司書といった学校図書館関係者を対象とした児童サービス、読書推進活動に関わる実践的な特色ある講座を多数開催しています[17]。

図書館の職能団体では、1953年に発足し児童図書館に関わる研究、子どもの読書環境の充実発展を図ることを目的に活動している児童図書館研究会が全国学習会やオンラインでのミニ学習会を開催しています[18]。

上記のように研修は充実していますが、実際には、研修に参加したくても業務が忙しく参加できない場合も多いと思われます。その場合、日常業務の中でOJT (on the job training)を行い、勤務経験の豊富な職員から新入職員に向け伝授するケースも少なくないでしょう。また現場では、管理者が研修に係る予算を確保し、就業時間内で研修を行えるよう職場の環境整備が急がれます。そしてそれ以外に、サービスに従事する職員自らが学び続ける意識をもつことが何より求められます。そのニーズに応えるべく管理者、行政側の手厚いサポートが必要となることは言うまでもありません[19]。

さらに今後は、児童図書館員がICTに関わる最新の知識や技術を修得し、デジタル時代に対応した児童サービスに関する現代的な課題を解決することが一層求められることでしょう[17]。

(3) 子どもの読書推進活動に関わるための知識・技能・感性を磨く資格

児童サービスを深く学んでいく中で、読書推進活動に携わるべく新たな専門的な資格取得を目指す職員も増えています。例えば、国立青少年教育振興機構が2014年度に創設した絵本専門士の養成講座での資格取得もその一例です。

絵本専門士とは、絵本に関する高度な知識、技能および感性を備えた絵本の専門家です[20]。さらには、2019年度に一部の大学や短大等の授業を通じ専門知識や技能を学ぶことができる認定絵本士の養成講座が新たに開設されました[21]（図1.7）。認定絵本士には講座で学んだ知識や技能を生かし、子どもたちに絵本の魅力を伝え地域の読書活動を支えることが求められます。

このような絵本に関する専門の養成講座を自らの意思で受講し資格を得ることで、絵本に対する新たな知識や技能、感性を磨き、児童図書館員の立場で子どもの読書推進活動に深く携わっていくことが期待されます。

図1.7　別府大学短期大学部初等教育科認定絵本士養成講座 [21]

1.5　さまざまな児童資料

本節では児童を主な読者対象とする児童資料の種類と選び方を学びます。『事例で学ぶ図書館情報資源概論』[1]によると、図書館の情報資源は大きく分けると印刷資料（図書・雑誌・新聞・地図など）、非印刷資料（映像資料・音声資料・マイクロ資料など）、電子資料（CD・DVDなどのパッケージ系とインターネット情報・データベースなどのネットウェーク系）、博物資料（民具・複製絵画・ボードゲーム）の４種類があります。ここでは、その中の印刷資料の特徴や提供について述べていきます。

1.5.1　児童資料の種類と特徴

子どもの読書について、小河内芳子氏は『児童図書館と私：どくしょのよろこびを　上』[2]の中で、「まず楽しむものでなければならぬ。読書を楽しむ中で空想をたくましくし、さまざまな間接体験により人間らしい喜びや悲しみ、怒り、恐れなどを獲得していく」と書いています。そして、継続して出版されている本（初版から30年以上経つもの）は、子どもが楽しめる要素が必ず含まれています。これが図書館の蔵書の核（=基本図書）となり、これらを読むことで、選書のものさし（=判断基準）ができると言われています。

基本図書の参考になるものとして、東京子ども図書館が出版した『絵本の庭へ』[3]『物語の森へ』[4]『知識の海へ』[5]、そして「3.11からの出発ブックリスト-被災地の子どもたちに届けたい本」から生まれた『今、この本を子どもの手に』[6]があります。

以下、児童資料を絵本、創作児童文学、昔話・その他の伝承文学、詩など、ノンフィクション、知識の本、その他の７種類[7]に分けて説明していきます。

(1) 絵本

絵本は、絵と文の調和が大切で、絵と文が一体となって一つの世界を作り上げています。そのため、子どもが初めて接する芸術作品とも言われています。

絵本は19世紀後半にイギリスで生まれ、印刷技術の発展とともに発達してきました。アメリカでは、1920年代から50年代にかけて児童サービスの発展と並行して、傑作といわれる絵本が多数生み出されました。

日本で子どもたちが絵本を楽しめるようになったのは、江戸時代の木版の出版物からと言われています。絵入りの草双紙（娯楽本）のうち、「赤本」には昔話を題材にしたものがあり、明治時代には翻訳と翻案が中心で、グリム童話を基にした絵本も作られました。大正時代になると、鈴木三重吉の「赤い鳥」(1918)をはじめ、複数の雑誌が専属の画家をおき、美術面に力を入れていきます。

雑誌の分化が進むと、「コドモノクニ」など、幼年向けに絵を多く入れた絵雑誌が登場するようになります。戦後、月刊の保育絵本が次々と復刻・創刊され、年齢対象や内容ごとに種類が増えました。単独の物語絵本では、学校図書館を意識した出版が始まりました。岩波書店では「岩波子どもの本」シリーズ（石井桃子編集長）で世界の絵本の翻訳紹介を開始しましたが、価格を抑えるために原書どおりには出版しなかったそうです。福音館書店からは月刊誌「こどものとも」(1956)が刊行され、その後「世界傑作絵本シリーズ」(1961～)、「日本傑作絵本シリーズ」(1962～)が始まりました。その他、至光社の月刊絵本「こどものせかい」(1955～)やこぐま社(1966年設立）などが絵本の発展に寄与します。そして、1970年代に絵本ブームが起こり、出版点数が飛躍的に伸びました。現在は、絵本は赤ちゃん絵本から大人が読むものまで対象年齢の幅を広げています[8][9]。

絵本は、内容やグレード別にさまざまな分け方がありますが、ここでは大きく9種類に分類して説明していくとこととします[9][10][11]。

①昔話絵本

古来の伝承童話（民話・伝説・神話）を再話および描画したものです。「むかしむかし」で始まり、最後に「めでたしめでたし」のような言葉で終わります。このように、「発端句」で現実から非現実の世界へ、「結末句」で非現実から現実の世界に戻る「行って帰る」形式となっています。また、昔話の再話は簡潔な表現で、その多くが1, 2回と同じおはなしの展開を繰り返し、3回目で違った展開となりおはなしの山を超えるといった構造になっています（例：『ももたろう』★[1]、『三びきのやぎのがらがらどん』★[2]）。
②創作絵本
子どもを対象として、文を作家が、絵を画家が、あるいは双方を絵本の作者が創作描画したもので、筋としてまとめられているものです。身の回りから始まって、大きな世界や見たこともないさまざまな世界を見せてくれます（例：『ひとまねこざる　改版』★[3]『いたずらきかんしゃちゅうちゅう』★[4]）。
③知識・科学の絵本
大きく自然科学の領域に含まれるもの（科学絵本）、歴史や社会など社会科学の領域に含まれるもの、あるいは文学など人文科学の領域に含まれるものです。
科学絵本には、身近な動物や昆虫の生態・植物の育ちなどの自然から乗り物や建築物など人が作ったものの仕組みを現したものがあります。中でも福音館書店から雑誌として刊行されたもののうち特に人気があったものは「かがくのとも傑作集」「たくさんのふしぎ傑作集」として再編・出版されています（例：『かわ』★[5]『ちのはなし　改訂版』★[6]）。
④赤ちゃん絵本
乳幼児（0歳～2歳の子ども）のための絵本で、身の回りのものや日常生活で起こることに関するものが多いです。
主題的に見ると、「ものの絵本」「生活の絵本」「オノマトペの絵本」などです。「ものの絵本」は、認識絵本のことで、食べ物（例：『くだもの』★[7]）・動物（例：『どうぶつのおかあさん』★[8]）・乗り物（例：『ぶーぶーじどうしゃ』★[9]）が主になります。「生活の絵本」に属するものは多く、遊びやしつけの要素もあります（例：『いないいないばあ』★[10]『こちょこちょこちょ』★[11]）。「オノマトペ絵本」は、擬音語・擬声語・擬態語などを主にして作られた絵本です（例：『じゃあじゃあびりびり　改訂2版』★[12]）。赤ちゃんはオノマトペの言葉のリズムや音の響きから豊かな日本語を習得していきます。
⑤文字なし絵本
まったく文字が書かれておらず、絵だけでストーリーやテーマが展開していく絵本のことです（例：『やこうれっしゃ』★[13]）。

⑥写真絵本

絵やイラストレーションを使わずに、写真と文で構成された絵本のことです（例：『はるにれ』★14『よるのびょういん』★15）。

⑦しかけ絵本

本という形態は保持しながら、タブを引っ張ると絵が動いたり、回転したり、ページをめくると絵が飛び出したりなど趣向を凝らしたしかけをした絵本のことです（例：『たまごのえほん』★16）。

⑧ことば・詩の絵本

ことばや文字や詩の世界を子どもにわかりやすく教えるために、ことばや詩に対応する絵が描かれている絵本です。

ことばの絵本には、ことばの響きやリズムを楽しむもの（例：『もこもこもこ』★17）、しりとりやかぞえ歌などのことば絵本（例：『ことばあそびうた』）★18、あいうえお・ABCなどのことばと文字の認識絵本（例：『ことばのあいうえお』★19）があります。

また、子どもたちの遊びや生活の中で伝わってきたあそび歌である「わらべうた」の絵本もあります（例：『さよならさんかくまたきてしかく』★20）。

⑨バリアフリー絵本（点字絵本・さわる絵本）

特別な支援が必要な子が一人で読むことができ、支援が必要でない子も一緒にさわって読んで楽しむことができる絵本です。さわる絵本、点訳絵本、布絵本などがあります（例：『はらぺこあおむし：点字つきさわる絵本』★21『しろくまちゃんのほっとけーき（てんじつきさわるえほん）』★22『さわってごらん　だれのかお？』★23）。

(2) 創作児童文学

創作児童文学は、個人の作家によって書かれた、子どものための文学作品です[7]。

表1.1とも重なりますが、創作児童文学は表1.2のようなグレードに分けられます。特徴や代表的な作品も記載していますので、選書の参考にしてください[7]。

表1.2　グレード別創作児童文学の特徴と資料例

グレード	特徴		資料例
幼児～小学校低学年向き	日常の遊びの中に空想的な要素を持ち込んだものが多い	大人に読んでもらう耳からの享受を前提としている	ももいろのきりん★24 どれみふぁけろけろ★25 エルマーのぼうけん 新版★26
小学校低学年～小学校中学年向き	1作1作がよりはっきりした物語世界を構築		ぼくは王さま★27 おともださにナリマ小★28 火のくつと風のサンダル★29
小学校中学年～小学校高学年向き	古典や冒険、ファンタジー、リアリスティックなもの、語りの伝統に根ざした短いお話集など多様		長くつ下のピッピ★30 ライオンと魔女 新版★31 ぼくのお姉さん★32
小学校高学年～中学生向き	ファンタジー、冒険、歴史小説といったジャンルのはっきりした作品やスケールの大きい作品、現代の問題を盛り込んだ今までにないテーマの作品		指輪物語 1 最新版★33 精霊の守り人★34 ベルリン1919★35 穴★36

(3) 昔話・その他の伝承文学

伝承文学は、文字の誕生以前から、それぞれの国や民族の間に口伝えで語り継がれてきた文学です。

昔話は、伝承文学の中で最も「お話」の要素が濃く、その多くが「むかしむかしあるところに」という言葉で始まります。『日本昔話ハンドブック 新版』[12]では、昔話は「核心となる一つのモチーフ－主要登場人物の一つの行為を中心に構成され、文芸としての一定の型（タイプ）を物語の単位として持っている。この型は、同じ民族間ではもちろんのこと、民族・言語・時代の違いを超えて多くの民族や異なった時代でも共通していることが少なくない」とされ、時代や場所などを不特定に語っている架空の話です。その数は約6万話とされていて、19世紀初めにドイツの言語学者グリム兄弟が書いた『完訳グリム童話：子どもと家庭のメルヒェン集』[13]をもとにした『グリム昔話』や『グリム童話集』が世界中で愛読されています。「おおかみと七ひきのこやぎ」や「あかずきんちゃん」のお話もこれらに含まれます。

その特徴は、次のとおりです。

・耳で聞いただけでお話がよくわかるようにできており、ストーリーは前へ前へと進んでいきます。三度の繰り返しや唱えことばも、子どもがお話についていくのを助けてくれます。

・子どもを強烈な力でお話の世界に連れて行くので、主人公と一緒に大冒険できます。

・結末が残酷なものもありますが、素朴な人のための耳で聞く文学です。そのため、黙読するのと違い残酷さはあまり気になりません。

また、「もとの話」は同じでも、「再話」（伝承者が語った「もとの話」を現代の人に読みやすいように整える作業）は再話者によって異なります。

(4) 詩など

児童資料の中には、子どものために書かれた詩や随筆、戯曲、子ども向けに書き直した日本の古典文学などがあります。大人向けの小説の中から、子どもにふさわしい作品を集めた「選集」や子どもの書いた詩や作文を収めた詩集、作文集などもあります。

(5) ノンフィクション（文学）

事実を伝える目的で書かれた著作で、伝記・日記・手記・随筆など、表1.3のように事実をもとに書かれた文学性の強い読み物のことです。

表1.3　ノンフィクションの種類と資料例

	内　容	資料例
伝記	実在した人物の生涯や業績を記した著作だが、取り上げる人物（被伝者）の描き方は対象年齢によって異なる	世界を変えた科学者 全8巻★37 牧野富太郎★38 カタリン・カリコ★39
日記	日々の出来事や感想を記したもの	アンネの日記　増補新訂版★40 ある日戦争がはじまった★41
手記	体験したことを著者自らが書き綴ったもの	マララ★42
ルポルタージュ	社会問題や時事問題を現地で取材して報告したもの	3日の命を救われた犬ウルフ★43 ヘスースとフランシスコ★44
その他	人生哲学・動物ものなど	君たちはどう生きるか★45 ソンジュの見た星★46

(6) 知識の本

子どもたちに知識や情報を与える目的で書かれた本です。

また、レファレンス資料として、事典・辞書・年鑑・年表など、調べものに使う目的で作られた本があります。セットものやシリーズものが多く、ビジュアル化、マルチメディア化していて、大型で高額なものもあります。読者が求める情報にたどりつけるように、事項を五十音順に並べたり、項目別に分けたり、索引を付けています。付録にCDやDVDをつけたものや、最近は動画が視聴できるQRコード付きの本もあります。地域資料もあり、それらは他の資料と区別してコーナーを設けたりすることが多いです。

(7) その他

その他、紙芝居や小学生新聞・中学生新聞や科学雑誌などの逐次刊行物、漫画があります。

1.5.2　児童資料の選書

次に、児童の印刷資料の選書について説明します[7]。

まず、勤務する図書館の「選書基準」を知っておくことが大事です。中には、選書基準をより具体化した「規準」を設けている図書館もあります。選書基準は、成文化して公開することが望ましいです。それは、公開すると住民から「なぜその本を購入したか」「なぜしなかったのか」という問いに対して、その理由を明示でき、住民の理解や協力が得やすくなるからです。そして、廃棄することも選書の一部ですので、「廃棄基準」についても併せて知っておくことが必要です。選書の目的は図書館の目的と同じですから、図書館の目的を理解し、「子どもにどういう本を利用してほしいか」「どのように読書を楽しんでもらうか」「どのように育ってほしいか」をいつも念頭において本を選ぶことが大切です。

(1) 児童書の蔵書の三層構造

児童書の蔵書は、質の面から、図1.8のように三層構造になるのが望ましいとされています。

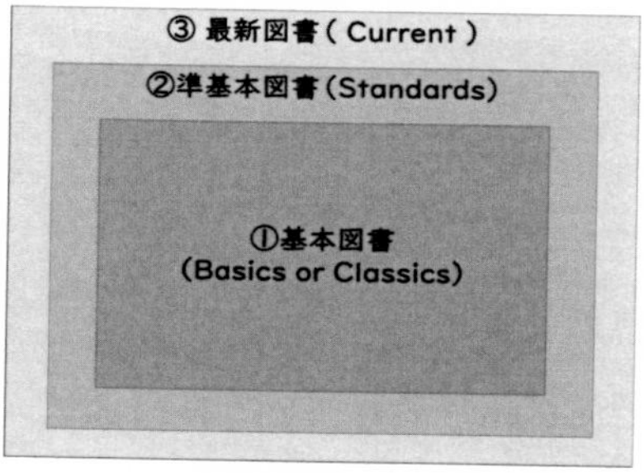

図1.8　児童書の蔵書の三層構造

①基本図書

基本的な図書群で、『エルマーのぼうけん』★26や『おおきなかぶ』★47など、子どもたちに長く読み継がれてきた優れた作品の集まりで、自治体内の図書館が1館だけでなく複数館ある場合でも、各館に複本（同じ本を複数所蔵すること）で置くとよいとされるものです。

②準基本図書

将来基本図書に入ると予想される図書群で、『しっぱいにかんぱい！（かんぱい！シリーズ)』★48のような本で、複本数は①より少なくします。

③最新図書

最新の作品で将来準基本図書となるようなものから、どの子も好むというわけではないですが、特別ある分野に興味をもつ子どものために備え付けるものなども含む図書群で、複本は用意しません。子どもたちの反応や、図書館員から見て増加させてもよいと判断したら②になりますが、除架の判断は早くし、多くなりすぎないようにするといったものです。

(2) 複本について

児童書においては、子どものニーズに応え、そして、大人対象の資料に比べて汚損や破損の頻度が高いため、複本で備えておくことを考えておかなければなりません[11]。

ランカスターは「80/20の法則性」を示し、「20％の本が80％の貸出を支えている」、つまり、動いている本が動いていない80％の本を支えていると言っています。

それは、例えば基本図書の『ぐりとぐら』★49のように、出版年が古くても回転率が高く動いている本がある一方で、『ツバメ号とアマゾン号　上・下』★50のようなロングテール本（図書館にとってなくてはならない基本図書であるものの、いつも借りられるわけではない本）は、回転率が低くあまり動きません。しかし、この本を動かないからと言って書庫に入れてしまうというのは、どうでしょう。子どもにとっては、目の前の棚にない本は存在していないのと同じになってしまいます。公共図書館に来ると、入門書から専門書までいろいろな本が並んでいるということ、そして1年に1回しか動いていない本も公共図書館に必要であること、貸し出されないから選書が間違いであるというわけではないということも知っておきましょう。これらは、フロアワークやブックトーク・展示で紹介したり、おすすめのリストに入れたりすると貸し出されるでしょう。

複本にする理由の一つである「ニーズに応えること」についてですが、貸出や予約が多く需要過多になっている本を補給し、先に述べた蔵書の核となる本や、その周辺の本で核へ導くような本で、在架率の低い本の補給をするために必要となります。貸出期限が2週間であれば1年間で25回転となります。いつ図書館に来てもあるようにする目安として、少なくとも1年に10回転する本は複本で2～3冊備えるとよいでしょう[14]。

(3) サービス対象について

サービス対象について、年齢別人口はどれくらいなのかも把握しておきましょう。公共図書館には、学校および学校図書館との連携によって一層きめの細かいサービスが求められています。そこで、学校数や学校司書の配置についても知っておく必要があります[15]。

(4) 利用状況について

表1.4のような指標で利用状況を把握し、棚割りなどをしていく必要があります。

表1.4　利用状況把握の指標など

児童書総冊数	児童書全体の冊数
閉架冊数	閉架書庫にある児童書の冊数
開架蔵書新鮮度	ある年に受け入れた図書の冊数を年の終わりの開架蔵書冊数で割った値
蔵書回転率	ある期間の貸出述べ冊数を蔵書冊数で割り、1冊の蔵書が何回貸し出されたのかを表すもの
分野別利用状況	分野別にどれくらい利用があるか
棚割り	それぞれの分野の出版状況（表1.5参照）、貸出状況、除架の基準など総合的な判断により、適切な書架割りをすること

(5) 出版状況について

出版状況についても知っておきましょう。過去３年の全体の出版点数と出版比率は以下の表1.5のようになっています[16]。全体の出版点数に占める児童書の割合はほぼ変わりませんが、全体の出版点数が減っています。しかし、児童書の出版点数は減らず、増えている状況です。

表1.5　出版点数（点）と出版比率

	一般書	児童書	学習参考書	合　計
令和2年 (2020)	58,843	4,295	5,470	68,608
	85.8%	6.2%	8.0%	100%
令和3年 (2021)	58,895	4,446	5,711	69,052
	85.3%	6.4%	8.3%	100%
令和4年 (2022)	57,042	4,465	5,378	66,885
	85.3%	6.7%	8.0%	100%

このうち、児童書のNDC（日本十進分類法）による0～9類、そして絵本の分類別発行点数と比率は次の表1.6[17]のようになっています。

表1.6 児童書の分類別発行点数と比率

	2022年		2023年		比率(%)
分類	冊数(冊)	比率(%)	冊数(冊)	比率(%)	
0類	121	3.6	104	3.1	約40.0
1類	40	1.2	32	1.0	
2類	105	3.1	159	4.7	
3類	237	7.0	286	8.5	
4類	310	9.1	297	8.8	
5類	94	2.8	116	3.4	
6類	47	1.4	63	1.9	
7類	314	9.2	209	6.2	
8類	67	2.0	57	1.7	
9類単行本	747	22.0	781	23.2	約60.0
9類文庫・新書	374	11.0	270	8.0	
絵本	943	27.7	994	29.5	
合計	3,399	100.0	3,368	100.0	100.0

表1.6から出版比率は、0～8類で約40 %、9類・絵本で60 %となっています。勤務する図書館の児童書の蔵書比率は、分類別発行点数と比較してどうかを気にかけましょう。公共図書館の選書は分野（分類）にこだわりなく選書をすれば、出版比率どおりになることが多いはずです。しかし、蔵書比率が出版比率に比べて大きい小さいとなれば、それが意図したものであるかどうかということが重要なポイントです。具体的には、利用者のニーズを反映してか比率が大きくなっているのか、図書館として特徴あるコレクションの形成のためなのかということです。自館のサービス方針や収集方針を踏まえ、貸出状況を総合的にとらえて、戦略的な収集を心がけていくとよいでしょう。

また、次のような児童図書賞を受賞しているかも参考にします。

【国際的な児童図書賞】

ニューベリー賞、カーネギー賞、コルデコット賞、ケート・グリーナウェイ賞、オーストラリア児童図書賞、ニルス・ホルゲション賞、国際アンデルセン賞

【日本国内の児童図書賞】
サンケイ児童出版文化賞、日本児童文学者協会賞

詳しい情報は、国立国会図書館の「外国の児童図書賞を調べる」[18]「日本の児童文学賞受賞作品を調べるには」[19]に掲載されています。

なお、学校図書館の場合は、蔵書の偏りをなくしバランスをとるための参考として、全国学校図書館協議会が「学校図書館メディア基準」の中に「蔵書の配分比率」を示しています[20]。

1.5.3　対象別収集方針

1.5.2項では児童資料全体の選書方法について述べました。では、具体的にどのような本を選べばよいのか、本項では年齢別に考えてみます。ここでは1.2.2項で説明したような子どもたちの発達段階にあった選書基準が必要になります。調布市立図書館の「対象別収集方針」[21]は、基準がわかりやすく書かれていますので、以下に紹介します。

> (1) 乳幼児
> ア ０・１・２歳
> 保護者や周囲の人々の温かい笑顔や声を通して、子どもが言葉を覚える時期である。人とのふれあいを楽しみながら、言葉への信頼を持つようになる。わらべうたや繰り返しを楽しむ絵本を収集する。また、物の認識が始まる時期でもある。色や形の面白さを伝える絵本、食べ物、動物、乗り物などの赤ちゃん向けの絵本を収集する。安全性を考慮した角が丸い厚紙の絵本にも留意する。
> イ ３・４歳
> 身近な大人との関係から、きょうだい、友だちなど横のつながりが出てきて、外に関心を広げる時期である。物語を楽しみ、物語を遊びに取り入れるようになる。簡潔な言葉で書かれた構成のしっかりした物語絵本を収集する。また、どの子どもも自然現象に興味や好奇心を持ち、科学の本を楽しめる素地を持っている。子どもの知る喜び、関心を育てるために、幼児向きの科学の絵本も収集する。

ウ 5・6歳

行動が活動的になり、想像力が養われ、複雑なことも分かるようになる時期であり、長い物語も読んでもらうと理解できる。本格的な昔話や、より複雑な物語絵本、易しい読み物や科学の絵本も収集する。

(2) 小学生

ア 低学年

一人で文字をたどって読むことができるようになる時期だが、物語をまるごと楽しむにはまだ大人に読んでもらう必要がある。本の楽しさが分かり本への信頼がつくられ、絵本から読み物へと移行する時期でもある。楽しい物語絵本、身近な体験を扱った物語や何世代も読み継がれている空想物語、身の回りの自然を扱った科学絵本などを複本で十分にそろえる。また、一人で本が読めるようになった子どものために、美しい装丁で、挿し絵もふんだんに入った大きな活字の読みやすい本を収集する。

イ 中学年

学校生活にも慣れ、一段と行動範囲が広がり、それにつれて、関心を持つ分野も広がりと深まりをみせるようになる。創造的で奥行きのある物語や様々な昔話を楽しめるようになる時期の子どもに、基本図書を中心に構成のしっかりした物語を複本で十分にそろえる。また、本離れをしていく子どももいる時期である。読書の習慣を継続的に養うため、子どもの興味に沿った本、好奇心をそそる本、読者を物語に引き込む力のある本を収集する。

ウ 高学年

読書の本格的な楽しさを知り始める時期の子どもに、読み応えのある長編や定評のあるシリーズものを収集する。また生活が多忙になって読書する時間が短くなる傾向にあり、読書力の個人差も広がるが、興味の対象は多岐にわたり特定の分野への関心が深くなるため、幅広い分野で、易しく書かれたものから詳細なものまで収集する。

現実の自分の生活を重ねてみることのできる本、身近なものから広い世界へと目を向けさせてくれる本などをそろえる。
(3) 中学生
思春期に入り、様々な葛藤の中で自らの生き方を模索し始める時期である。複雑な社会を生きる子どもたちに、多様な生き方、未知の世界を示し、人間の尊厳や希望を語りかける本をそろえる。
(4) 図書館利用に障がいのある子ども
資料をそのままのかたちで利用することが難しい子どもたちに、布の絵本、点字付き絵本、録音図書、マルチメディアＤＡＩＳＹ、大活字本など、読書の障がいを取り除き、又は軽減する資料を収集する。その収集内容については、「調布市立図書館利用支援サービス用資料収集等に関する方針」にゆだねる。
(5) 子どもの本と読書に関心のある大人
児童文学研究資料、子どもの読書に関する資料をそろえる。わらべうた、昔話、伝承あそびなど、保護者や教師、保育者などから要求の多い分野の資料は、児童書に限らず幅広く収集する。

このような読書能力や読書興味の発達に沿った基準が必須となります。住民の税金で購入していくのですから、担当者の好みや意向に左右されず、これらの基準に従って、子どもの成長を助けるような選書をしていくことが大事です。

1.5.4　分類別収集方針

次に、分野別収集方針についてみていきます。ここでは、福岡県立図書館の類型別の選書方針[22]を紹介します。

(1)絵本
☆絵がストーリーを語っているもの。
☆絵と文の調和がとれ、絵に芸術性があるもの。
☆子どもに理解できる表現・内容で簡潔に書かれているもの。
☆古典・名作を無理に幼児向けに作っていないもの。

(2) 文学作品
☆対象年齢の子どもが興味を持つテーマ、展開になっているもの。
☆対象年齢にあった表現・内容であるもの。
☆挿絵が作品に合っているか。
☆翻訳作品の場合、原作に忠実、原作の雰囲気を伝えているもの。
☆対象年齢に合った活字になっているもの。
☆古典・名作のダイジェスト版ではないか。
(3) 昔話
☆子どもが耳から聞いて面白いもの。
☆現代生活の合理性や価値観が安易に持ち込まれていないか。
☆挿絵が昔話の雰囲気を壊していないか。
(4) ノンフィクション
☆被伝者の行動や業績が歴史的・社会的背景の中で描かれていること。
☆被伝者の生涯が欠点を含めて全人的に描かれていること。
☆文献や実地踏査による考証がなされていること。
(5) 知識の本
☆テーマが対象年齢にふさわしいか。
☆子どもが“白紙の状態”から新しい知識が得ることができるか。
☆著者や監修者の立場や経験が著作に生かされているか。
☆内容が公平か。極端に断定的であったり、あいまいな表現になっていないか。
☆内容の情報源が明らかか。
(6) レファレンスブック
☆索引などが整理されているか。
☆収録量の多さと正確さ。

以上に付け加えて、(5)では情報が新しいかどうかにも注意が必要です。また、研究資料の収集についても考えます。

なお、学校図書館の選書においては、各学校図書館が本来の目的を達成するために、公益財団法人学校図書館協議会が「図書選定基準」[23]を定めています。また、「学校図書館図書廃棄規準」[24]も定め、こちらは2021年に改訂されています。廃棄は選書する基準を知った上で、蔵書全体を把握していなければできない、最も専門的な仕事になります。これらの基準を参考にしましょう。なお、電子書籍は「学校図書館図書廃棄規準」の規準の対象になっていません。

1.5.5　選書の心得など

選書をしていく上で、前年度に購入した児童書の平均価格を把握しておくといいでしょう。なお、2022年の児童書平均価格は1,175円でした[16]。さらに、地域の状況や規模も併せて考えていくとよいです。参考までにアメリカ図書館協会では、蔵書冊数が一人当たり2～3冊で、児童書の年間購入費は一般書も含めた全体の1/3を基準としています。また、買い替えは1年間の予算の60～70 %、新規購入は30～40 %を基準にしています。児童書は読まれれば読まれるほど傷みます。また、基本図書でも、購入されなければ出版社の都合で絶版となり、子どもが出会う機会を奪うことになってしまいます。子どもにはたとえ30年前出版された本でも初めて出会う本（＝新しい本）ですので、読み継がれてきた本は積極的に買い替えていきましょう[14]。

では、選書眼をどのように身につけていったらよいのか、その基本は、基本図書と言われる本を「ただ読む・とにかく読む・ひたすら読む」ことです。1.5.1項で紹介した本が参考になるでしょう。また、「平成26年度子ども読書連携フォーラム」の「事前アンケート集計」や「知識の本選書ツールリスト」[25]も参考になります。

1.5.2項にて、蔵書の中で「基本図書（長く読み継がれてきた蔵書の核となる本)」を充実させる必要性について述べました。そこで、子どものころの「思い出の絵本（読者の心を動かし，大人になっても記憶に残る絵本)」にどれくらい、基本図書が含まれているかを司書講習受講生（20～60歳代）を対象に調べてみました（小田2023)。すると、「思い出の絵本」に「基本図書」が占める割合は、表1.7のように全体で37.9 %と極めて高いことがわかりました。

表1.7　年代別「思い出の絵本」に占める基本図書の割合

	人数（人）	冊数（冊）	割合（%）
20歳代	75	32	42.7
30〜40歳代	43	22	51.2
50〜60歳代	20	4	20.0
全　体	138	58	37.9

「思い出の絵本」が出版された年の絵本の出版点数に対する基本図書の割合はわずか１％にすぎませんが、かなりの割合（全体で37.9％）で基本図書が子どもたちの思い出に残っていることからも、基本図書の大切さが明らかとなりました[26]。

ヤングアダルト(YA)世代においては、行動範囲や興味関心が広がることから、欲しい情報も多様化してきます。また流行に敏感です。そのため、選書においてもそのような特性を踏まえ、ニーズを拾い上げることが重要です。ヤングアダルトのニーズを中心に選択していくことが肝要ですが、「ティーンズの基本書」や「知識の入口・面白いと思ってもらえる本」、そして「今を反映する本」や「大人が中高生に渡したい本」も入れていきます。ヤングアダルトが多様な視点をもち、異なることを寛容に受け入れられるような資料を収集していきます[7]。中学・高校時代は３年ずつあり、３年経てば昔となりますので、常にヤングアダルト資料のチェックを心がけていきましょう。

最後にまとめとして、選書において大切なことは、大きく次の３つとなります[27]。

①本を知る
・新旧の本を毎日コツコツと読む
・各種の書評に目を通す
・書店のベストリーダーやテレビ・映画の原作をチェックする
②子どもを知る
・目の前の子とのやりとりを大切にする
・地域の園・学校の様子・行事を知る
・発達心理学などの関連本も読む

・関連ニュースに目を配る
③利用を知る
・読書相談・レファレンスに丁寧に対応する
・読み聞かせのときには反応をよく見る
・地域の小学校の教科書や学習内容も知っておく
　このように、日々の積み重ねと、カウンターやフロアワークで得たことすべてを選書にフィードバックすることが大事です。

第2章

子どもと本をつなぐ方法

発達段階にある子たちが本を手にするには、まずは大人が子どもと本と結びつけてあげる必要があります。これまでも、そしてこれからも大切である子どもと本とつなぐさまざまな手法について、実践例やデータを交えて説明していきます。

2.1　読み聞かせ

本節では、読み聞かせの意義や乳幼児への読み聞かせ、グループへの読み聞かせの方法について説明します。また、読み聞かせに適した資料や読み聞かせが及ぼす力について紹介します。

2.1.1　読み聞かせの意義

「読み聞かせ」は、『図書館情報学用語辞典　第5版』[1]で

> 読み手が本や絵本を子どもたちに読んで聞かせること．絵本の絵を見せながら読んで聞かせるのが一般的であるが，物語をただ読んで聞かせることもある．〈後略〉

と定義されています。親や保育園・幼稚園・学校の先生・上級生や図書館員・ボランティアなどが読み手となります。家庭での読み聞かせの形式は、グループへの読み聞かせと違って、自由です。

文部科学省「絵本で子育てを楽しく」[2]では、読み聞かせの大切さを次のように述べています。

> 物語の世界にひたる体験はこころを育てます。
> 物語による体験が想像力を育てます
> 〈中略〉
> 　子どもは、ことばを耳で覚えます。耳からどんどん新しいことばを吸収していきます。
> 　ことばを覚えるとともに、耳から聞いて具体的なものや場面などのイメージを持ったり、さまざまな気持ちを感じたりすることが大切です。

読み聞かせを聞く子どもは、「話す」土台となる語彙力が高まり、コミュニケーションの基礎となる愛着の感情が強まり、集中力もついてきます。また、読む方も相手の反応を見ながらともに楽しむことができ、心豊かな時間を共有することができるのです[3]。

2.1.2 乳幼児への読み聞かせ

乳幼児への読み聞かせは、ブックスタートや乳幼児向けお話し会で行われます。

ブックスタートとは、乳幼児サービスの代表的なもので、全国1,106自治体（NPOブックスタート2023.12月時点の把握数）で実施されている0歳児健診などの機会に、絵本を開く楽しい「体験」と「絵本」をセットでプレゼントする事業です。

ブックスタートを体験した子どもは、読書を楽しむようになります。参加した保護者からは、本を見ているわが子を見て、もう本を楽しめることに感動したという声が多くあるそうです。

NPOブックスタートのホームページには、ブックスタートのあゆみが次のように紹介されています[4]。

> ブックスタートは、1992年、イギリスのバーミンガム市で始まりました。
> 発案したのは、絵本コンサルタントをしていたウェンディ・クーリングさん。ある日のPrimary School(小学校)での活動中に、絵本の存在自体を知らない5歳の男の子と出会ったことが、ブックスタート誕生のきっかけでした。この予想外の出来事を受け止めたウェンディさんは、すべての子どもたちに、絵本を読んでもらうしあわせなひとときを経験してほしい、そのためには何ができるだろうと、考え続けました。
> そして、絵本そのものを、読みきかせの体験と一緒に、赤ちゃん全員にプレゼントするアイデアを思いつきました。プレゼントの会場は、このアイデアを聞いた保健師の助言を受け、地域に住む赤ちゃん全員が対象となる「健診」にすることを決定。こうして「ブックスタート」は市の事業として始まったのです。
> 事業のキャッチフレーズ（当時）は、“ Share books with your baby! ”。赤ちゃんにとっての絵本は、読む（read books）ものではなく、読み手と共に楽しむ（share books）ものだというコンセプトは、多くの人の共感を呼び、活動はイギリス全土に広がりました。

つまり、ブックスタートとは、赤ちゃんと保護者が一冊の絵本を開いて一緒に楽しむひとときを、すべての赤ちゃんに届ける事業とも言えるのです。日本での取り組みは、以下のように説明されています。

> 日本でブックスタートが知られるようになったのは、2000年「子ども読書年」のときです。この年、子ども読書年推進会議（子どもの読書に関わる約280の団体・企業・個人で構成されていた組織）の会合でイギリスの活動が紹介され、同推進会議内にブックスタート室が発足。約200組の親子を対象に試験実施を行いました。その様子がさまざまなメディアで紹介され全国に情報が届くと、いくつかの自治体が具体的な検討をはじめ、2001年4月、12市町村が新規事業としてブックスタートを開始。その後草の根的に、全国に広がっていきました。

ウェンディ・クーリング氏は、2016年に来日しました。「すべての赤ちゃんに絵本を～英国のブックスタートが世界に広がるまで」という講演会記録には、次のように記されています[5]。

> 赤ちゃんと絵本のひとときを分かち合う（shareする）ことについて、クーリングさんからは、「リラックスして気持ちを込め、大人自らが楽しむこと」「絵本選ぶときには、大人も喜び楽しく読めるという視点も大切」という考えが示されました。

このようなブックスタートの広がりで、図書館の乳幼児サービスが進んでいます。核家族化・少子化が進み、育児は親子単位でするようになり、特に若い母親は孤立しがちですが、図書館は、乳児がいて遠くへ出かけられない親が、親子で無料で利用できる身近な施設です。そして、そこで行われる行事は誰にも公平に開かれていて、本の専門家がいます[6]。大人も子どもも絵本を介して気持ちを通わせ、愛着を深めていけるような乳幼児サービスをしていきたいものです。

読み聞かせに使う本は、赤ちゃん絵本（1.5.1項参照）で述べたように、絵がはっきりした色使いのもので、題材は食べ物や動物、乗り物など身の回りのものを扱ったものや、音の響きやリズムを楽しむのもがよいでしょう。赤ちゃんの成長を助けることを念頭に、赤ちゃんと保護者と図書館員が一緒に絵本を楽しみましょう[3]。

お話し会については、2.3節で詳しく説明していきますが、特に乳幼児へのお話し会の入口や出口、間に「わらべうた」や「手あそび」を入れるとよいでしょう。

「わらべうた」や「手あそび」について、『子どもの読書を考える辞典』[7]では、

> 「わたべうた」とは、「子どもが自らうたい、または、おとなにうたってもらいながら伝承してきた歌」で、子どもから子どもに伝えられてきたさまざまなあそびの歌、季節・行事、動植物と関わる歌、おとなが子どもをあやす歌等がある。「手あそび」とは手や指を使って遊ぶことで、作者のわからない伝承の手あそびや作者がいる創作の手あそびがある。
> 〈中略〉
> わらべうたはまさに子どもが最初に出会う詩であろう。

と定義し、図書館における「わらべうた」の役割を

> わらべうたには人と人との絆、言葉の獲得に必要な声のふれあい、コミュニケーションを育む豊かな力がある。こうして「文字の文化」のまえに必要な「声の文化」によって読書の土台づくりの役割を果たしている。
> 〈中略〉
> 幼児から小学生を対象とするおはなし会でもプログラムにとり入れれば、言葉を楽しみ図書館に親しむ利用者層を広げることができる。わらべうたのもつ言葉の世界はどの世代でも楽しめるものだ。

と説明しています。

その実践については、『乳幼児おはなし会とわらべうた』[8]という本や東京都立多摩図書館の『乳幼児おはなし会ハンドブック』[9]が参考になります。

赤ちゃんは保護者に抱っこしてもらい、子守歌や手あそび歌などを歌って、お互いの緊張をほぐしてから始めます。一人に対してでも複数人に対

してでも、手を開く、たたくなどの一つ一つの動作をはっきり丁寧にするとよいでしょう。

2.1.3　グループへの読み聞かせの方法

本や絵本などを使ったグループへの読み聞かせについての手順などを説明していきます[10][11][12]。

(1) 読み聞かせをする本の選び方

読み聞かせにおいては、読み手の技術も必要ですが、どのような本を読むか・選ぶかが一番大切です。

①絵本の場合

・遠目がきくこと

価値がある本でも、絵が見えないと、子どもたちは十分におはなしの世界を楽しむことができません。そこで、ある程度の大きさが必要となります。例えば、『ピーターラビットのおはなし』★1シリーズの本は、一対一の読み聞かせにはよいですが、遠目がきかず集団には向きません。『しろくまちゃんのほっとけーき』★2などは、小さめの本ですが、絵のタッチがはっきりしていているので、読み聞かせに適しています。

・文と絵の割合が良いこと、場面割りが適切であること

一つの場面に対して文章が多かったり、お話がすでに次の場面に展開されていると、子どもたちは飽きたり、混乱してしまいます。一場面に対する文の量は多すぎていないか、絵とお話の進み具合が合っているか、見開きに一場面であるか、そして絵だけを見てお話が理解できるかどうかを確認します。例えば、『マーシャとくま』★3は、一場面あたりの文章の分量が多く、お話が起こっていない場面や終わっている場面が同じ絵で表されていて、子どもの心の動きと合いません。このようなお話は、読み聞かせの手法よりもストーリーテリング（2.2節参照）の方が向いています。場面割りが適切なのは、『どろんこハリー』★4『ティッチ』★5などです。

・子どもの読書興味にあったもの

「子どもの発達と読書」（1.2節参照）で述べたように、子どもの読書興味

の段階にあったものを読み聞かせると子どもたちは夢中になります。

・読み手が好きな本

読み手が苦手な本は、その思いが子どもたちに伝わってしまいます。まず、読み手の好きな本を読みましょう。

②物語の場合

耳で聞いて楽しくわかりやすく、主人公がよく書き分けられていて、物語の展開がわかりやすいものがよいでしょう。また、継続して読めない場合は、短編を選びましょう。

(2) 心がまえ

楽しんで読み合う姿勢が大切で、主役はあくまで絵本と聞き手です。

(3) 準備

まず、本がきれいに開いて子どもたちが見やすいように、図2.1のような手順で開きぐせをつけます。

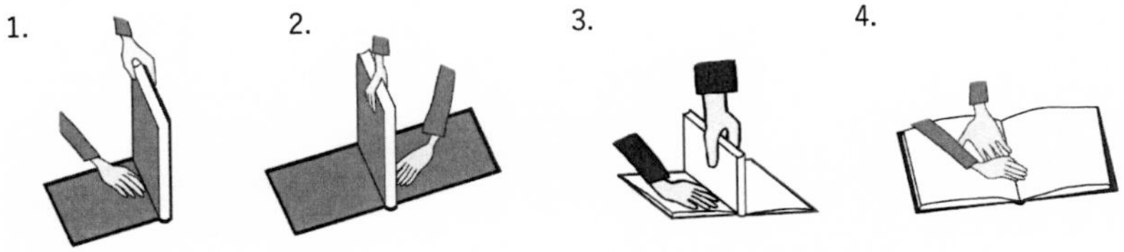

図2.1 開きぐせのつけ方（[10]を参考に著者が作成）

1. 片側の表紙だけ開いて、のどの部分を上から下へ押します
2. 裏表紙も同様にします
3. それから1ページごとに開き、同様にしていきます
4. 何度もしっかりと手のひらでぎゅっと押さえます

次に、下読みをします。声を出して、みんなの前で読むのと同じように何度も（10回くらい）練習します。『まあちゃんのながいかみ』★6のように、本の向きが途中で横向きから縦向き、縦向きから横向きに変わる本は、

しるしをつけ、お話の流れに沿ってスムーズにページをめくることができるようにします。

また、絵本が前後・左右に傾かないように、図2.2ように左図のように両手で支えるのでななく、右図のように持ち手の肘を直角にして脇につけ、下の中心（綴じの部分）をしっかりと持ちます。もう一方のめくる方の手は、ページの端に手をかけておくとスムーズにめくれます（基本は、縦書きは持ち手が左手、めくるのが右手になります。横書きは持ち手が右手、めくるのが左手で手前からページを送ります）。

図2.2　本の持ち方（[13]を参考に著者が作成）

本の指し方とめくり方は、腕や指で画面を隠さないようにします（図2.3）。

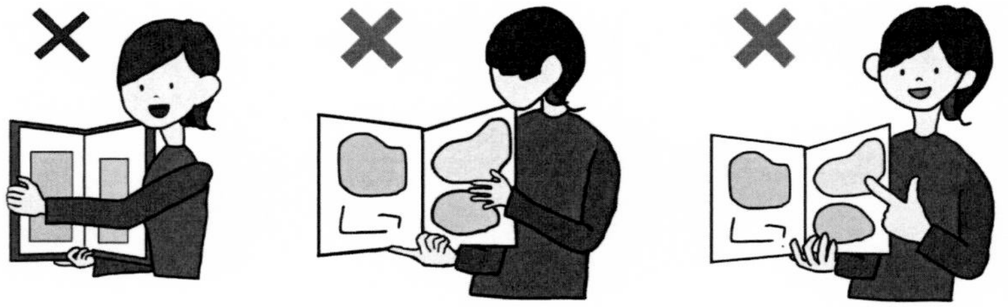

図2.3　本の指し方とめくり方（[13]を参考に著者が作成）

身だしなみとして、子どもたちが本に集中できるように、落ち着いた色の服装で、アクセサリーも控えます。

(4) 会場

読み手と子ども（聞き手）の位置関係にも気を配ります。子どもたちには、絵本が見えるように、読み手を中心として扇形になるように入口を背にして座ってもらいます（図2.4）。

また、子どもが床に座っているときは、読み手は椅子に座り、聞き手が椅子に座っているときは、立って読みます（図2.5）。

光が入ってまぶしいときはカーテンを閉め、絵本を見る際に、読み手の背景に邪魔になるものはないかを確認します。子どもたちみんなが楽に絵が見れることが大切です。

教室などの場合は戸を閉めるなど、ほかの音を遮断し、静かさを確保しましょう。空調・湿度・明るさもチェックしますが、事情により環境が整わない場合は、その場その場で次善の対応をしましょう。

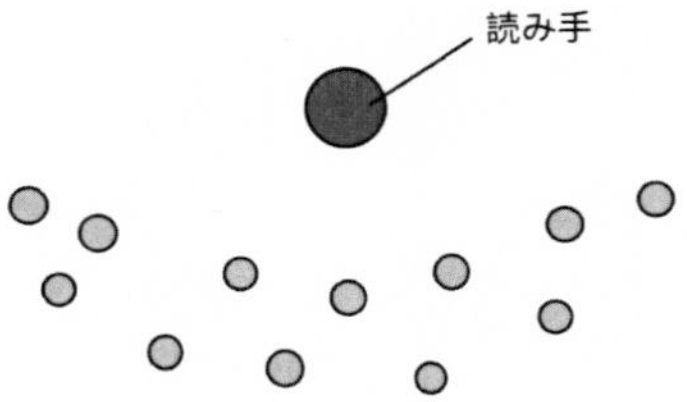

図2.4　会場づくり（[10] を参考に著者が作成）

図2.5　読み手と子どもの位置関係（[10] を参考に著者が作成）

(5) 読み聞かせの手順

子どもたちが本の世界に入り、またその世界から現実の世界にスムーズに戻ってこられるようにゆっくりと行います。具体的な流れは次のとおりです。

1. 表紙を見せ、題名を読みます
2. 見返しを見せます（本の世界の扉が開きます・導入）
3. 標題紙を見せます
4. 本文を読みます
5. 裏見返しを見せます（本の世界の扉が閉まります・余韻）
6. 再度、表紙を見せ（表紙と裏表紙で絵がつながっているときは両面を見せ）題名を読み、「おしまい」と言います

(6) 読んでいるときに心がけたいこと

いざ、本を読んでいくときには、次のようなことに気をつけましょう。

①作者や画家名の紹介

表紙を見せた際に、作者や画家名を言うかどうかは、ケースバイケースです。著者への敬意を込めて言うのもよいでしょう。ある程度の年齢の子どもには、著者を紹介することによって同じ著者の本を読み進めるきっかけになります。

②読み方

・子どもたちは絵を見て、その後耳で聞くので、めくった瞬間は読まないようにしましょう。1, 2と数えるくらい間をおいて読み始めます。

・後ろの子どもまで届く声でゆっくり、はっきり、丁寧に、心を込めて読みましょう。子どもたちと一緒にお話を楽しむようにしましょう。

・慣れてきたら、話の流れによって、ゆっくりめくりゆっくり読んだり、クライマックスに向かってどんどん進む場面では素早くめくり、少し早口で読むとよいでしょう（緊迫感が伝わります）。

③終わり方

おはなしの余韻を大切に、子どもたちに感想を聞くことは控えましょう。子どもたちが、無意識に自ら発する言葉や表情・姿勢を受け止め、大切に

持ち帰りましょう。

2.1.4 読み聞かせに適した絵本例

表2.1に、読み聞かせに適した絵本を紹介します。これらは、2.1.3項で示した条件を満たしたおすすめの絵本です（「対象」の幼は幼児、低は小学校低学年、中は小学校中学年、高は小学校高学年）。

表2.1 読み聞かせに向く絵本

書名	著者・挿絵画家	出版社	対象	時間	遠目	件名
あおくんときいろちゃん	レオ・レオーニ作 藤田圭雄訳	至光社	幼	5分	○	家族 友達
おおきなかぶ	A・トルストイ再話 内田莉莎子訳 佐藤忠良画	福音館書店	幼	6分	◎	ロシア民話
かいじゅうたちのいるところ	モーリス・センダックさく じんぐうてるおやく	冨山房	幼 低	5分	◎	旅 いたずら 王様
王さまと九人のきょうだい	君島久子訳 赤羽末吉絵	岩波書店	低 中 高	12分	○	中国の昔話
つきよのかいじゅう	長新太さく	佼成出版社	幼 低	3分	○	ナンセンス絵本 月
光の旅かげの旅	アン・ジョナス作 内海 まお訳	評論社	低 中 高	6分	○	光 影 旅 さかさ絵
海のアトリエ	堀川理万子作	偕成社	中 高	13分	○	不登校 絵 海
ウエズレーの国	ポール・フライシュマン作 ケビン・ホークス絵 千葉茂樹訳	あすなろ書房	中 高	9分	○	友達 発明 夏 国 男の子

府中市立図書館の「読み聞かせに向く絵本のリスト」[14]は絵本の対象や

読み聞かせにかかる時間、遠目がきくかに加えて題材（件名）を示しており、参考になります。

2.1.5　読み聞かせの及ぼす力

読み聞かせの効果は、数えきれないほどの事例があります。これだけはというもので、ここでは書籍『クシュラの軌跡―140冊の絵本との日々』[15]を紹介します。多重障害をもって生まれたドロシー・バトラーの孫娘・クシュラが、読み聞かせをしてもらったことによって、奇跡の成長を遂げた記録を綴ったものです。毎日の読み聞かせはクシュラの心と体に心地よく響き、健常児と変わりないほどに、いえ、それ以上の能力を引き出しました。

次に調査から紹介すると、「平成30年度 子供の読書活動の推進等に関する調査研究 報告書」[16]では、小学校中・高学年のころに「読み聞かせ」をしていた家庭の子どもは、読み聞かせをしなかった家庭の子どもに比べて本を読んでいない子どもの割合が少ないことが明らかになっています。そして、「読み聞かせ」は小学校高学年まで続けることが読書量に影響を及ぼすことがわかりました。また、ベネッセの2019年の調査[17]では、幼児期の読み聞かせの頻度が高いほど、児童期のひとり読みの頻度が高まるという結果が出ています。

これらのことから、できるだけ早い時期から読み聞かせを始め、それを続けていくことが、認知能力（読み・書き・計算などの能力）・非認知能力（自分を大切にし、高め、人とうまくやっていく心の力）の発達、そして子どもたちの読書習慣の形成につながることがわかります。

2.2　ストーリーテリング

本節では、ストーリーテリングの意義や方法、そしてストーリーテリングに向く資料について説明します。

2.2.1 ストーリーテリングの意義

「ストーリーテリング」とは、絵本などを使わずに語り手がお話を覚えて言葉だけでお話を語ることで、「素話」「お話」とも言う耳からの読書です。

読み聞かせ・朗読との違いは、「お話」「語り手」「聞き手」の3つの要素で成り立っていることです。そこには、「語り手」と「聞き手」の間に「本」はなく、終始視線が合います。目と目を合わせるという直接的なつながりが大切にされていて、「語り手」は頭の中に物語の風景を浮かべ、「お話」を自分のものにして語ります。「聞き手」の子どもたちは絵本の絵にしばられることなく、語り手の目と言葉の中からその風景を自由にイメージしていきます[1]。

また、1.2.1項で述べたように、この耳からの読書は子どもの言葉を操る能力を育てるために最初に必要なものです。文字が読めない子でも読書を楽しむことができ、読書の導入となります。

山梨県立図書館の「ストーリーテリング　実践のコツ」[2]では、ストーリーテリングの目的と効果について次の5つを挙げています。

> ◆ 心を育てる
> お話を通して、様々な登場人物と出会い、喜びや悲しみ、楽しさなどの感情を共有することで、豊かな感性を育てることができます。
> ◆ 想像する力を養う
> 耳から聞いたことばから、登場人物の様子、場面や情景、お話の筋などを、頭の中で想像する力をつけることができます。
> ◆ 考える力を培う
> お話の流れを理解していくことで、展開を筋立てて論理的に考える力をつけることができます。
> ◆ ことばの力をつける
> たくさんのことばと出会うことで、ことばを使いこなす力や、語彙を身につけることができます。
> ◆ 子どもと本を親しませる
> たくさんの楽しいお話を紹介することで、読書への興味を育むことができます。

昔は『文字のない絵本』[3]のお話のように本という存在がなく、文字のない声だけのお話だけで想像力や豊かな心を育んでいました。今は、紙の本や電子書籍、そしてTVやYouTubeを通して、お話を聞くことができますが、昔と同じくストーリーテリングは肉声とお互いの目線を通して、人と人との親密なつながりや共感する感性を磨くことができ、読書習慣形成の基礎となるでしょう。

ストーリーテリングによる人と人とのつながりについては、『ストーリーテリング　その心と技』[4]において以下のように書かれています。

> ストーリーテリングは、経験の分かちあいです。お話を語るとき、語り手は自分が弱い存在であることを隠さず、自分の心の奥の感情や価値観を、ためらいなく表します。このように、語り手がありのままの飾らない姿で大切に思っている話を語ることで、聞き手の子どもたちは身も心も開かれて、聞き入ることができるのです。一つのお話をいっしょに楽しむことで、仲間だという気持ちになります。そして、語り手と聞き手の間に好ましい人間関係が築かれ、大人と子ども、また子どもと子どもが、お互いに近しい存在になります。子どもたちは、よいお話を語ってくれる大人に信頼を置きますから、子どもたちと語り手との信頼関係は、お話の場にとどまらず、他の場でも保たれます。

経験を分かち合う体験こそ、今の子どもたちに必要だと著者は考えています。

2.2.2　ストーリーテリングの方法

ストーリーテリングは、「読み聞かせ（2.1節参照）」「ブックトーク（2.4節参照）」とともに、子どもに本を手渡す手法の三種の神器と言われています。実施するためには、語る方・聞く方ともに準備が必要です。そこで、どのような準備をしたらよいかを『ストーリーテリングについて』[5]や『子どもに本を手渡すために：おはなし会の手引き 改訂版』[6]、山梨県立図書館の「ストーリーテリング 実践のコツ」[2]を参考に説明していきます。

(1) お話を選ぶ

①選び方

ストーリーテリングの良しあしは選んだお話に左右されるといってもよいでしょう。自分の好きなお話、本当に語りたいお話を選びましょう。また、子どもの発達段階や興味を考えて聞き手に合うお話がよいです。お話には相性があるので、好きなお話でも語りにくいことがあります。語ってみて、自分に合うお話を選びましょう。

②構成

聞いている人がイメージしやすいよう筋が簡潔で、話が一直線に進み、起承転結がはっきりしているものが子どもたちには理解しやすくて、よいでしょう。また、主人公を中心として、出来事が一定の視線で動き、最後は問題が解決されていくお話は、安心感や満足感をもたらすので、好ましいです。

③言葉

語り手が語りやすいものがよいでしょう。言葉が単純で簡潔で、美しく、お話にぴったりあった文体のものを選びましょう。

④お話を選ぶ順序

ストーリーテリングを初めて行う場合、昔話から始め、慣れてきたら創作(昔話の形式をもったもの)、そして長編の一部の順に覚えていくのが無難です。絵本から選ぶときは、文だけ取り出し語ってみて、お話を伝えることができるかどうか検討してみましょう（例：『こすずめのぼうけん』★[1]）。

(2) お話を覚える

原則としてお話の文章をそのまま覚えますが、丸暗記してもお話はいきいきとしません。次のような手順で行うとイメージが描けて覚えやすく、また、忘れても思い出しやすいでしょう。

1. 何度も声に出して、話全体の流れをつかみます。
2. 話の各場面を映画のフィルムの一コマ一コマの絵を映すように、イメージしていきます。
3. その絵を頼りに、その場面ごとに声に出して言葉を当てはめていきます。

4.あやふやなところは、テキストに戻ります。これを繰り返して、お話が流れるように声を出して練習します。

(3) 子どもたちに、お話を聞く準備をさせる

・できれば静かな部屋で、換気をよくし、照明は明るすぎず落ち着ける程度の明るさにし、楽な姿勢で聞けるようにしましょう。
・座り方は、読み聞かせのときと同様に、あまり奥行きが深くならないように、3～4列の扇形になり、どの位置からも語り手が見えるようにします。
・ろうそくに火をともしたりして、儀式のように印象づけるとお話に集中できるでしょう（お話が終わるとき、語り手がろうそくを消す前に声をかけます。子どもたちはそれぞれの心の中で願いごとをします。そして、ろうそくが消え、お話の世界が静かに終わります)。

(4) お話を語る

・ゆっくりと (slowly)、単純に (simply)、誠実に (sincerly) の3つのSを大切にします。楽しみながら自然体で、聞き手の目を見ながら語りましょう。
・お腹から声を出し、聞き取りやすい声で、はっきりと発音しましょう。
・始まりは、聞き手と心を通わせながらゆっくりと語ります。一定のテンポではなく、展開に合わせて間をとったり、速さを変えたりして、メリハリをつけましょう。間が物語をつくります。

2.2.3　ストーリーテリングの資料例

以下、ストーリーテリングに適した本を紹介します（表2.2)。これらの本には、2.2.2項に示した条件を満たしたお話が載っています。まずは、これらの本から選んで、ストーリーテリングを行うとよいでしょう。

表2.2 ストーリーテリングに向く本

書名	編著者	出版社	内 容
イギリスとアイルランドの昔話	石井桃子訳	福音館書店	イギリスとアイランドの昔話30話収録
おはなしのろうそく1〜33	東京子ども図書館編	東京子ども図書館	世界の昔話、短い創作物語、手遊び、わらべ歌を収録
こども世界の民話上・下	内田莉莎子[ほか]著	実業之日本社	『子どもに聞かせる世界の民話』81話から子どもむけの話を選んで収録
子どもに語るアジアの昔話1〜2	松岡享子訳	こぐま社	とんち話やとぼけた味わいのあるアジアの昔話27話を収録
子どもに語るグリムの昔話1〜6	佐々梨代子・野村滋訳	こぐま社	数あるグリム昔話集の中で、語るために吟味した訳文で幼い子どもにわかりやすい
子どもに語る日本の昔話1〜3	稲田和子・筒井悦子再話	こぐま社	地の文はほぼ共通語でせりふの部分に方言を残した再話

府中市立図書館の「読み聞かせに向く物語のリスト」[7]では、お話を語るときにかかる時間の長短やおすすめ度・対象を示してくれています。

その他、福岡県立図書館の「おはなし会のとびら：初心者のためのブックリスト」[8]も、読み聞かせやストーリーテリングのお話選びの参考になります。

2.3 お話し会

本節では、読み聞かせやストーリーテリングなどを取り入れたお話し会の概要とプログラムの立て方・流れなどについて紹介していきます[1][2][3]。

2.3.1 お話し会の概要

お話し会を行う場合、まずその概要を知らなくてはなりません。公共図書館で行う場合の聞き手は不特定多数となりますが（ある程度の年齢層はわかりますが）、保育園・小学校などへの出前お話し会の場合は、対象年齢・人数・会場・時間帯・開始時間・所要時間・担当者などを把握しておく必要があります。具体的には、次のようなことです。

・参加人数は何人でしょうか。小さい子は少人数の方がよく、幼稚園・小学校は1クラスまでが限界です。

・会場については、事前チェックを忘れないようにしましょう。広すぎたりする場合はしきりをするなど工夫が必要です。セッティングの際に留意することは、読み聞かせの際の会場と同様です（2.1.3項参照）。

・図書館で行う場合、子どもや親が参加しやすい時間帯を知り（お昼寝や幼稚園の送迎時間は避けます）、他の施設や学校の行事と重ならないように開始時間を設定します。

・所要時間は、子どもたちがお話に集中できる時間が目安です。幼児の場合は30分以内、小学生は授業の1コマ（45分以内）で、前後の時間を考えて、それより少し短めにします。

・お話し会を開くには、本を読む人（あまりめまぐるしく人が変わらないように）、会場を見守るサポート係（子どもたちの反応を見てメモを取り、何かあったら注意する）、案内係（出入口で途中から来た子への対応）が必要になります。サポート係と案内係は兼ねることもできます。また、学校と連携する場合など、すれ違いなどが起きないよう調整役の担当者を決めておくとよいでしょう。

2.3.2　お話し会のプログラムの立て方

子どもたちが飽きずに、最後までおはなしが聞けるように、基本的にはメリハリのあるプログラムにしていきます。何を中心とするか、本の組み合わせや順番について考えていきましょう。

・お話に集中させる工夫として、導入として簡単な手あそび・指あそびをしたり、季節のことを話します。

・ストーリーテリングや本の組み合わせとして、メインとなる長い話を決め、そして短い話を1つか2つします。長い話やまじめな話、短くても内容が重いお話は、集中力の高いはじめのうちにした方がよいでしょう。

・子どもたちに本の楽しさを伝えるには、本そのものやお話そのものに価値があることが大切です。読み聞かせやストーリーテリングで、そのまま紹介するのが一番です。しかし、お話し会は大勢でさまざまな子どもたちが参加するため、次のような手法を使うと、見やすくなったり、気分転換になったり、親しみやすくなったりします。以下、それぞれの手法について説明していきます[4]

(1) 詩・言葉あそび・なぞなぞ

お話に入る前やお話とお話の合間に、詩を読んだり、言葉あそびをしたり、なぞなぞをしたりします。

(2) 手あそび

お話し会の気分転換になり、次のお話に向かう集中力を高めます。

(3) 紙芝居

紙“芝居”というだけあって、ただ読むのではなく演じるメディアです。市販の紙芝居は、4、8、12、16枚の場面割りとなっています。もともと紙芝居として作られたお話で、無理のない演じ方ができるものを選びましょう。

(4) パネルシアター

ボードにフランネル布を貼ったものにＰペーパーという不織布に絵を描いたものを貼って、お話に沿って動かしながら演じます（図2.6、2.7）。普段は白いパネルを使いますが、周りを暗くして黒いボードとブラックライトを使うこともできます。その方法では、蛍光絵具で描いた絵を浮かびあがらせるブラックシアターを行うことができます。

図2.6　パネルシアター「にんじんさんだいこんさんごぼうさん（にんじんだいこんごぼう号）」[5]（提供㈲アイ企画）

図2.7　パネルシアター「にんじんさんだいこんさんごぼうさん（にんじんだいこんごぼう号）」[5]実演の様子（出版社㈲アイ企画に許可を得ています）

(5) エプロンシアター

演じ手は布製のエプロンを身につけ、登場人物や道具をエプロンの上で動かしながらお話をしていきます。ポケットの中から道具が現れたり、隠れたりして展開していきます。パネルシアターは2人以上で行うこともありますが、エプロンシアターは演じ手がお話を覚えて、一人で演じていきます。

(6) ペープサート

紙に動物や人物などの登場人物を描き、切り抜いたものに棒をつけて動かし、演じていきます。複数人で行うことが多いです。

(7) 指人形・軍手人形

人形を使うと子どもたちは集中してくれますが、キャラクター色の強いものは、お話に集中できなくなるので、避けましょう。手作りの人形を使って、詩を語ったり、お話をしたりします。また、お話し会のマスコットとして、はじまりのあいさつや合間の息抜きなどに使うこともあります。

なお、お話し会の小道具を作る際は、『おはなしおばさんの小道具』[6]『おはなしおばさんの小道具　続』[7]が参考になります。また、プログラムを立てる際は、国際子ども図書館の「おはなし会の進め方」[8]も参考にしてみましょう。

＊読み聞かせにおける著作権について＊

本や絵本そのものを使って対面で読み聞かせをする場合は、著作権の許諾は必要ありません。しかし、次の場合などは、出版社への許諾申請が必要です。絵本・紙芝居を拡大して使用（複製を伴う場合）、ペープサート、紙芝居、さわる絵本、布の絵本、エプロンシアター 、パネルシアター、人形劇、パワーポイント、その他いかなる形態においても絵や文章を変形して使用する場合や読み聞かせ動画の配信する場合です。

詳しくは、一般社団法人日本書籍出版協会の「読み聞かせ著作権」[9]・「読み聞かせ団体等による著作物の利用について」[10]や「著作物利用許可申請書」[11]などを確認してください。また、各出版社のHPにも詳細な手続きが記載されています。

2.3.3　お話し会の流れ

お話し会は、本に興味をもってもらうために行います。そのために、次のような流れで行っていくと最後まで集中して楽しんでくれます。そして、お話し会の後も紹介した本を手にとり、お話の世界を楽しんでくれることでしょう。

1. あいさつとお約束

「こんにちは、お話し会へようこそ」などと挨拶します（指人形やパペットを使ってもよいです）。そして、「読んでいるときは、ほかのお友だちのじゃまにならないように静かに聞いてね」とお約束します。また、遅れて入ってきた子どもに対しては、「遅れたら、今度から1つのお話が終わるまで待って入りましょう」と伝え、聞いている子どもたちのじゃまをしないようにします。

2. 導入

子どもたちが聞く準備ができているか様子を見て、手あそびや指あそびで集中させ、じっくり表紙から読み始めます。

3. その場に応じて

不特定多数の子どもにお話するときに、予想より小さな子が集まったり、子どもたちが落ち着かなかったりする場合は、読む予定の本を一部カットすることも必要でしょう。そんなときのために、予定の本以外に1、2冊差し替える本を準備しておくと安心です。

4. 本を手に取ってもらう工夫

お話し会の最後に、お話しした本のシリーズや関連する本などを紹介するとよいでしょう。また、それらの本を後で手に取れるようにプログラムを配り、「学校図書館で借りられますよ」などと声かけします。

2.3.4　お話し会を終えたら

お話し会が終わったら、表2.3のような記録をとります。短時間でいいので、選んだ本や子どもたちの様子について、よかった点や改善点をお話し会を行ったメンバーと話し合い、次につなげましょう。

表2.3 お話し会の記録シート（[12]を参考に作成）

項目	記録内容
日時・曜日・天気	年　月　日（　）　天気
時間	時　　分 〜　　時　　分
対象	年少、年中、年長、小学校低、小学校中、 小学校高、その他（　　　　）
参加人数	名
担当者	
おはなしのメニュー	タイトル、著者、出版社、手法
	1.
	2.
	3.
	4.
子どもたちの反応	
感想 （よかった点や改善点）	
仲間からのコメント	

2.4 ブックトーク

本節では、ブックトークの意義と方法、参考となる資料、そして実践例について説明していきます[1][2]。

2.4.1 ブックトークの意義

ブックトーク (book talk) とは、通常ある一つのテーマに沿って、複数冊の本を順序よく、上手に紹介することです。

米国の公共図書館で行われていた活動が、米国で図書館員として勤務した経験をもつ日本人関係者らによって、およそ半世紀前に我が国に紹介されたもので、対象年齢は小学校3年生くらいから上です。

ブックトークには、「形式ばらないブックトーク (informal book talk)」と「正式のブックトーク (formal book talk)」があります。形式ばらないインフォーマル・ブックトークは、例えば子どもからフロアで「何かおもしろい本なーい？」などと相談されたとき、その場で数冊の本とその内容を簡単に紹介するものです。一方、正式のフォーマル・ブックトークは、あらかじめ準備をして、一定の集団（学校の一クラスなど）を対象にきちんとしたかたちで時間を決めて行うものです。

ブックトークの一番の意義は、子どもたちを「本を読みたい」という気持ちにさせ、本の内容ばかりでなく、著者や関連分野にも関心をもたせることにあります。また、図書館という場所への関心をもたせ、図書館には多種多様な本があり、図書館員は本に関する深い知識の持ち主で、本を探すときに頼りになると伝えることができるとよいでしょう。

2.4.2 ブックトークの方法

ここでは、フォーマル・ブックトークについて説明していきます。

ブックトークは、読み聞かせやストーリーテリングと違い、そのお話の一部を紹介し、それらの本を子ども自らが手にとって読む態度を育成することが目標となります。そのためには、ブックトークをする対象と目的について明確化していく必要があります。対象となる年齢（学年）や人数、場所、時間、本を紹介する目的を明確にした後、次のような順でプログラムを立てていくとよいでしょう。

1) テーマを決める

まず、中心となるテーマを決めます。学校においては、教科と関連したブックトークを依頼されることもあるでしょう。国語の時間では学習しているお話の著者の他の本の紹介、社会の時間ではSDGsに関する本、といった具合です。また、授業とは関係のない自由なテーマでのブックトークをお願いされることもあります。その場合は、そのテーマから聞き手に何を伝えたいかを明確にし、子どもたちの注意を引く楽しいテーマを設定しましょう。

2) 本を選ぶ

テーマが決まったら、取り上げる本を選びます。子どもを対象としたブックトークは、最初は10冊くらい多めに集めます。時間は30分程度が望ましいので、そこから紹介できる冊数も割り出されます。さっと触れるものから、詳しく説明するものをとりまぜて、最終的には5～6冊まで絞るのが適当でしょう。その際の留意点は、次の3つです。

・第一に、自分の好きな本を選びましょう（少なくとも1、2冊）。ブックトークをする人の本に対する熱意や愛情が伝わります。

・第二に、目立たないけれど、面白い本を紹介します。子どもが自ら手にとりやすい本は、あえて紹介する必要はありません。

・第三に、幅広く選び、バラエティに富んだ組み合わせにします。絵本や読み物だけでなく、神話・伝説・詩・伝記・ノンフィクション・写真集など違うジャンルのものを集めます。また、内容もやさしいものから難しいものを取り入れるとよいでしょう。

3) 紹介の順序を決める

テーマとそれについての本を選んだら、どういう順番で紹介するか、そして、それぞれの本についてどういった紹介の仕方が効果的かを考えます。柱となる本（最も紹介したいものやおすすめの本）を決め、メリハリのある構成にしましょう。

4) シナリオを作る

本によって、途中までのあらすじを語ったり、面白いエピソードを読んだり、挿絵や図を見せたりします。また、著者や本の書かれた経緯などを説明するのもよいでしょう。一冊ずつの説明が滞りなく流れていくように、本と本との間はキーワードでつないでいくようにします。

5) ブックトークを行う

実際、ブックトークを行う際のポイントをあげます（図2.8）。

・本は、紹介するまで聞き手の目に触れないように置いておきましょう。
・内容を話すのに夢中になり、題名をいうのを忘れないようにしましょう。
・ある本を紹介しているときは、その本を手に持っておきましょう。紹介し終わったら、表紙が見えるように順に前の机に置きましょう。
・紹介するページには、しるしをつけておくとスムーズにいきます。
・本は正直に紹介しましょう。例えば、「ちょっと難しい本ですが…」というふうにです。
・本文を読むときは視線を本に向け丁寧に読みましょう。また、自分の言葉を言うときは、目線を子どもたちに向けましょう。そうすることで、子どもたちは本に書かれていることかどうかを視線で区別できます。
・自分の言葉で、声に出して練習してみましょう。

図2.8　ブックトーク実践の様子

6) ブックリストを作る

ブックトークを行うとき、子どもたちにはお話に集中できるように、何も持たないようにしてもらいます。ブックトーク終了後、できれば本を手に取る時間があるとよいでしょう。また、後日自分でその本を図書館や書店で探せるように、タイトルや著者名、出版社などを記載したブックリストを配ります。形態は、1枚ものでも、2枚に折りたたんだものでも、四つ折りにしたものでも構いません。

2.4.3　ブックトークの資料

山梨県立図書館「ブックトーク 実践のコツ&本の選び方」[3]のp.14には参考になる資料が、そして「ブックトークシナリオ」[4]には対象別のブックトークシナリオが掲載されています。参考にして、作ってみましょう。

2.4.4 ブックトークの実践例

著者がブックトークを行った例を紹介します。小学校高学年を対象に「本と図書館と○○と」というテーマで、河井律子氏（元福岡県立図書館副館長）のブックトークを参考に行いました。シナリオは付録Bに掲載していますので、ご参照ください。

図2.9はブックトーク後に配ったブックトークリストです。図2.9に掲載している本は、本と図書館の歴史がわかり、また本と図書館の存在が不可欠でいかに素晴らしいかを伝えています。司書を目指す方にもぜひ知ってもらいたい本です。

なお、ブックトークリストはクレジット（タイトル、著者名、出版社など）を記載し、請求記号を入れてあげるとより探しやすいでしょう。書影を入れる場合は、著作権の許諾を得ましょう（このリストに掲載されているものは、すべて許可を得ています）。

同じテーマでも、対象の学年に応じて表2.4の本から何冊か入れ替えて行うとよいでしょう。

図2.9　ブックトークリスト

表2.4 「本と図書館」に関する本

（対象：小学校低学年…低　小学校中学年…中　小学校高学年…高）

キーワード	タイトル	種類	対象
本	つばさをもらったライオン★1	外国の絵本	低 中 高
	本のことがわかる本 全3巻★2	知識の本	低 中 高
	本について授業をはじめます★3	知識の本	中 高
本と言葉	としょかんライオン★4	外国の絵本	低 中 高
図書館	図書館に児童室ができた日★5	外国の絵本	低 中 高
	子どもの本で平和をつくる★6	外国の絵本	低 中 高
	図書館にいたユニコーン★7	外国の物語	低 中 高
	希望の図書館★8	外国の物語	中 高
	本おじさんのまちかど図書館★9	外国の物語	中 高
	夏休みに、ぼくが図書館で見つけたもの★10	日本の物語	高
	図書館へいこう！ 全3巻★11	知識の本	中 高
	図書館たんけん 全3巻★12	知識の本	中 高
	図書館のひみつ★13	知識の本	中 高
	図書館図鑑★14	知識の本	中 高
学校図書館	ぐるぐるの図書室★15	日本の物語	高
	いこうよがっこうとしょかん 全4巻★16	知識の本	低 中 高
	みんなで図書館活動この本、おすすめします!全3巻★17	知識の本	中 高
	シリーズ・変わる！学校図書館 全3巻★18	知識の本	中 高
移動図書館	じりじりの移動図書館（ブックカー）★19	日本の物語	高
	「走る図書館」が生まれた日★20	知識の本	中 高
	図書館ラクダがやってくる★21	知識の本	中 高
病院図書室	病院図書館の青と空★22	日本の物語	中 高

2.5 ビブリオトーク

ビブリオトークとは、自分が感動した本や面白い本を友だちなどに紹介する際に、形式的にわかりやすく要点を押さえるために開発された紹介方法です。ブックトークはあまり主観を入れずにできるだけ客観的にわかりやすく紹介するのに対し、ビブリオトークは自分の思いをそのまま表現し、主観的に紹介するものです[1]。読み聞かせやストーリーテリング、ブックトークは大人が子どもたちに対して行うことが多いですが、ビブリオトークは子どもたちが主体となって行います。

本節では、子どもたちがビブリオトークを行う際の方法や意義などについて笹倉剛氏の『グループでもできるビブリオトーク』[2]『「岩波少年文庫」のビブリオトーク』[3]『テーマ別のビブリオトーク』[4]から紹介していきます。

2.5.1　ビブリオトークの方法

ビブリオトークは、次のような方法で行っていきます。

1) 本を紹介する人数を決めます。

・1人で紹介する場合は、自分の好きな本を自由に紹介できます。

・2人で紹介する場合は、2人の自由なトークやQ&A方式などで紹介できます。

・3人で紹介する場合は、それぞれがナレーター役や質問者、回答役など役割分担をして、綿密に打ち合わせをして紹介します。

2) 本を紹介するときには、作品や作家に対して敬意を払います。

3) 発表時間は3分から5分程度で実施します。小学生は3分から4分でもよいです。中学生・高校生は概ね4分でまとめられるよう話を精査すると、聞き手は20分で5人の発表を聞くことができます。

4) 感想や書評を時間内で述べます。内容は、以下のようなものです。原稿例は参考文献[1]～[4]に掲載されていますので、ご参照ください。

・著者について

作家の略歴や作品について説明します。

・どうしてこの本を選んだか

自分がいろいろな本の中から、どうしてこの本を紹介しようと思ったかについて説明します。

・あらすじ

聞き手にお話の内容がわかりやすいように説明しつつ、結末は伏せておくように工夫します。

・この本のおすすめのところ

自分がこの本を読んで最も心に残っているところを紹介します。

5) 全体の流れは、次のようにするとスムーズでしょう。

①最初に1人で行うか、小グループ（2、3人）で行うかを決めます。2、3人のグループで行うと、本の紹介方法が非常に多彩になり、盛り上がった紹介ができます。
②紹介する本を選びます。テーマが決まっているときは、その内容の本を準備します。小グループで行う場合は、相談して最もよい本を決めます。
③本の紹介の組み立てをします。先の4)の内容を取り入れて組み立てていきます。小グループの場合は、役割分担をしましょう。
④リハーサルを行います。できるだけ原稿を見ないで行いましょう。事前に誰かに聞いてもらい、聞き手の反応などをヒントに修正して、さらに良いものにしていきます。
⑤本番で実施します。リハーサルどおりに行うことを心がけ、小グループの場合はお互いに支え合うことが大切です。
6) 本を紹介した後、読んでみたい本の人数を調査します。人数が多いからよいというのではなく、紹介した本にどれだけの人が興味・関心をもったかを知るために行います。1人でも興味をもってくれたら、十分紹介した意義があります。
7) 本を紹介した後で、時間があれば紹介者の本を読んでみたい人が集まり、質問の時間をとってもよいです。

2.5.2　ビブリオトークは本の紹介の基本

ビブリオトークは、広い視点からとらえると、図2.10のように他の紹介の手法の基になると考えられています。

1. ビブリオトークからブックトークへ

テーマを決めてそれぞれが発表していくと、ブックトークのような形式に近づいていきます。ブックトークのような客観的な紹介と少し違ってきますが、テーマに応じた紹介が次々に出てくる良さがあります。

2. ビブリオトークから読み聞かせへ

実際に紹介したい部分を読み聞かせするときがあります。読み聞かせの技術を応用します。

3. ビブリオトークからビブリオバトルへ（2.6.1項参照）

時々、イベント的な取り組みでチャンプ本を決めても面白いです。そのときは、紹介者が目立つのではなく、紹介した本が目立つようにします。

4. ビブリオトークからアニマシオンへ（2.7.3項参照）

聞き手と一緒になってアニマシオン的要素（読書ゲーム）を取り入れると楽しく、紹介方法にも幅が出てきます。

つまり、ビブリオトークは他の手法に応用でき、また、他の手法を取り入れることもできるのです。

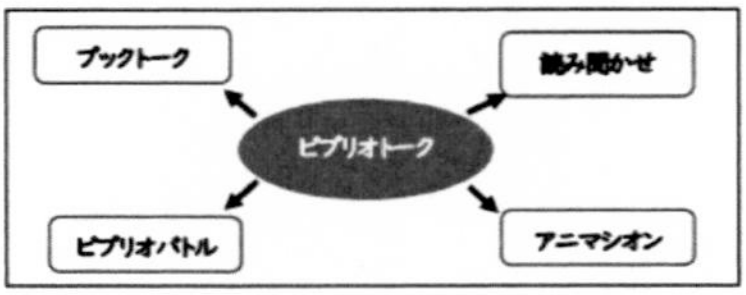

図2.10ビブリオトークと他の手法の関係（[2]から著者が作図）

2.5.3　ビブリオトークの意義

ビブリオトークは2015年から開発され、その歴史が浅いです。そのため認知度が低いですが、よい点を紹介します。

・実際に本を読んだ読者が最も気に入った本を紹介するので、なぜその本を自分が推薦するのかが、とてもはっきりと語られるところ

・紹介した本の質問の時間が設けられることで、聞き手の消化不良を改善でき、自分以外の他の人の質問も聞くことで、その本をより多角的な視野でとらえることができるところ

子どもたちが感動した本、面白かった本のよさを他の人に伝えることは、自分の言葉で表現しなければならないため、とても難しいことです。2.6節で説明するビブリオバトルの前段階としてビブリオトークを行うことにより、他人に自分の思いを伝える基礎が身につくでしょう。

＊コラム　神戸親和大学・笹倉剛氏からメッセージ

ビブリオトークの最初の本を出版してから８年が経ちました。その間、図書館や学校などでもビブリオトークが実践されるようになりました。手軽な方法で、本を読んだ読者か

らほかの人へ語られるのがビブリオトークです。ビブリオバトルのようにチャンプ本を選んだりはしませんが、自分が本当に読んで感動した本、推薦したい本だけを伝えることを目的としています。

子どもの読書がいつの時代でも課題になっていますが、私は基本的な読書技法として、また日常的な取り組みの核として、「読み聞かせ」と「ビブリオトーク」の２本柱でよいと感じています。読書技法としてはほかにもビブリオバトル、読書会、アニマシオン、読書郵便、読書感想画などさまざまな取り組みもありますが、常時取り組むべき活動としては、「読み聞かせ」と「ビブリオトーク」が主流になるべきであると考えています。この考えは、実際に「読み聞かせ」「ビブリオトーク」を小学校や中学校で実践していくうちに強くなっていきました。

最初はビブリオトークをするために本を選ぶということもあるかもしれませんが、やがてビブリオトークが常態化してくると、普段の生活の中で自分が読んだ本をだれかに紹介していくということが増えていくのです。それこそが作家が心魂込めて書いた本が、読者から読者へとつながっていく方法の一つだと感じています。そこには紹介したい人の思いや、紹介された人の感謝も込められていると思われます。

一冊の本が人を介して、人へとつながっていく素晴らしい行為がビブリオトークであると確信しています。

近くの公共図書館では、月に一回ですが、ビブリオトークによる読書会が実施されています。今後、ビブリオトークは図書館や学校だけでなく、企業の研修などでも取り上げていくと、今まで以上に企業が活性化していくのではないでしょうか。

ブックトークに比べてビブリオトークは、主観的な感情も入れながら紹介できるところがブックトークとの違いです。自分の思ったまま自由に紹介される良さがあります。ぜひ、いろいろな場でビブリオトークが広がることを祈念します。

2.6　ビブリオバトル

ビブリオ（＝本の）バトル（＝戦い）は、好きな本を紹介し合い、一番読みたくなった本を全員の投票で決めるものです。小学生から大人までできる「本の紹介コミュニケーションゲーム」です。

谷口忠大氏が2007年京都大学情報学研究科共生システム論研究室（片井研）に日本学術振興会特別研究員としてやってきて、「自分たちが勉強するのに良い本に出会える仕組み自体を勉強会の中に取り込めないだろうか？」として考え出したものです[1]。その後、「ビブリオバトルを全国に広めよう！」と有志が集まり、2010年には、ビブリオバトル普及委員会（任意団体）が設立され、公式サイトも開設されました。ウェブサイトにはビブリオバトルの開催方法や全国の開催情報が掲載されていて、主に中学生から大学生向けに広がりを見せています[2]。

本節では、ビブリオバトルの公式ルールや機能について紹介していきます。

2.6.1　ビブリオバトルの公式ルール

ビブリオバトル普及委員会の「知的書評合戦ビブリオバトル公式サイト」[3]からビブリオバトルの公式ルールを紹介します（図2.11）。

> 1. 発表参加者が読んで面白いと思った本を持って集まる．
>   1. 他人から推薦された本でも構わないが，必ず発表参加者自身が選ぶこと．
>   2. それぞれの開催でテーマを設定してもよい．
> 2. 順番に１人５分間で本を紹介する．
>   1. ５分間が経過した時点でタイムアップとし，速やかに発表を終了すること．
>   2. 発表参加者はレジュメやプレゼン資料の配布などはせず，できるだけライブ感をもって発表すること．
>   3. 発表参加者は必ず５分間を使い切ること．
> 3. それぞれの発表の後に参加者全員で，その発表に関するディスカッションを２～３分間行う．
>   1. ディスカッションの時間では，発表内容の揚げ足を取ったり，批判的な問いかけをしてはならない．発表内容で分からなかった点の追加説明を求めたり，「どの本が一番読みたくなったか？」の判断に必要な質問を心がけること．
>   2. 参加者全員が，お互いにとって楽しい場となるよう配慮すること．
>   3. 質疑応答が途中の場合などはディスカッションの時間を多少延長しても構わないが，当初の制限時間を大幅に超えないように運営すること

4. 全ての発表が終了した後に「どの本が一番読みたくなったか？」を基準とした投票を参加者全員が1人1票で行い，最多票を集めた本をチャンプ本とする．

1. 発表参加者も投票権を持つ．ただし，自身が紹介した本には投票せず，他の発表参加者の本に投票すること．

2. チャンプ本は参加者全員の投票によって民主的に選ぶ．一部の参加者（司会者，審査員，教員など）に決定権が偏ってはならない．

参加者は発表参加者，視聴参加者よりなる．参加者全員という場合にはこれらすべてを指す．

※名称利用等で公式ルールという際には、上記**公式ルールの詳細**までを含むものとします。

図2.11 ビブリオバトルのやり方[3]

2.6.2 ビブリオバトルの機能

ビブリオバトルの機能は、次の４つがあります。

・書籍情報共有機能：参加者で本の内容の共有できます
・スピーチ能力向上機能：スピーチの練習や経験になります
・良書探索機能：いい本が見つかります
・コミュニティ開発機能：お互いの理解が深まります

ビブリオバトルは読書コミュニティの「場」となり、特に部活動や受験で読書から遠のく中学生以上の読書推進の有効な方法だと考えます[4]。

2.7　読書へのアニマシオン

本節では、読書へのアニマシオンの歴史・意義や方法、そして実践例と及ぼす力について説明していきます。

2.7.1　読書へのアニマシオンの歴史

読書へのアニマシオンとは、フランスから広がった民衆教育、社会文化教育です。子どもを読書に誘う方法で、1980年代、モンセラット・サルト氏（スペインのジャーナリスト）によって開発されました。

日本での読書へのアニマシオンは、1997年にサルト氏の著書『読書で遊ぼうアニマシオン：本が大好きになる25のゲーム』[1]が翻訳出版されたことで始まりました。読書は一人で楽しむものという固定観念を打ち破り、多様な読みを展開し、他者の読みにも気づき、共同して読みを深めていきます。2001年には『読書へのアニマシオン：75の作戦』[2]が刊行され、それ以来、公共図書館や学校図書館関係者のうちに徐々に広まり、小学校を中心に普及してきました。

2.7.2　読書へのアニマシオンの意義

読書へのアニマシオンは、「読書のおけいこ・トレーニング」です。アニマシオンのアニマとは「魂」という意味で、いきいきわくわくした気持ちで読書を楽しんでいくものです。アニマドールと称する進行役が、子どもたちに本を使って問いかけたり、ゲームをしたりして、遊びながら読みを共有し、継続することで自然と「読む力」がつくといったものです。アニマシオンは読書教育の一つで、75種類にまとめられた手法は「作戦」と呼ばれ、それぞれに読む力を育てる「ねらい」があります。そして、1回に本1冊で1つの「作戦」を行うことが基本となっています。

日本ではさまざまな方法でアニマシオンが普及されていますが、普及の第一人者である黒木秀子氏の『子どもと楽しく遊ぼう 読書へのアニマシオン：おすすめの事例と指導のコツ　第5版』[3]と『みんなで楽しむ読書へのアニマシオン』[4]から、紹介していていきます。

「読書へのアニマシオン」は、幼児から10代後半までの読書教育です。アニマシオンは、「本を読もうとしない子」や「本を読めない子」が、どうしたら楽しんで自ら読書をするようになるかということに力を注いでいます。読書という行為は、自発的・内発的行為で、それが「起こる（なされる)」ためには、「読みたい心（動機)」と「読む力（能力)」の2つを並行して育む必要があります。読み聞かせ、ストーリーテリング、ブックトークなどは「読みたい心（動機)」を育むもので、それだけでは「読む力（能力)」を育てることができないため、読書教育の一つであるアニマシオンが必要となります。そして、アニマシオンを計画的・継続的に行うことで、「本を読もうとしない子」や「本を読めない子」も楽しみながら自然と「読む力（能力)」を育むことができるとされています。

そのため、アニマシオンが読む力の成長を手助けする期間は、図2.12に示すように幼児期から10代後半までです。読む力の成長には、字が読めることと文章が読めることとの間の「言語環境川」「自分から読む山」「考えるために読む山」の3つのポイントがあり、それを意識することが大切とされています。

それらの時期はちょうど、1.2.2項で述べたように、読書能力の発達の「読書入門期」から「初歩読書期」、「初歩読書期」から「多読期」、「多読期」から「成熟読書期」への移行期と重なっています。その3つのポイントである川と山を、楽しみながら、うまく乗り越えられるようにするのが「読書へのアニマシオン」です。その有効性の調査は、2.7.5項で紹介します。

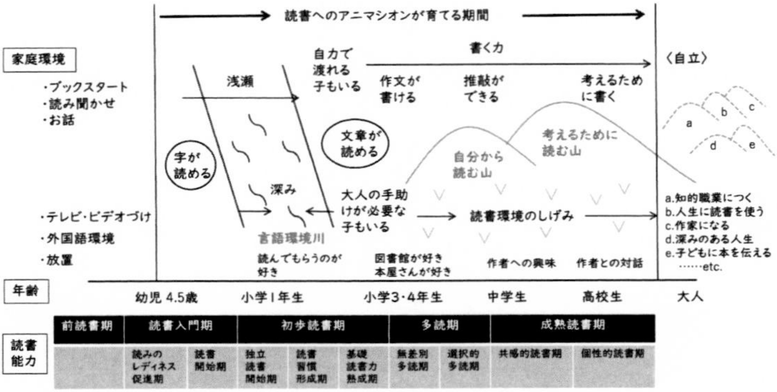

図2.12　「読書の川と山」と読書能力の関係（[3]から一部抜粋して作成）

2.7.3　読書へのアニマシオンの方法

次のような方法で、アニマシオンを行っていきます。

(1) 読書へのアニマシオンの手順

作戦によって少し異なる部分もありますが、アニマドールは基本的に次のような手順で進行します。

1) アニマドールを中心に、大きな輪になるように座ってもらいます（図2.13)。「さあ、今日も本であそびましょう」と言って始めます。

2) まず、一人ずつに本を手渡します。そうすることで、子どもたちには丁寧な印象となり、アニマドールに親しみが湧きます。また、アニマドールは本を受け取る際の子どもたちの様子からその子の性格を垣間見ることができます。

3) その場で読み聞かせます（あるいは、前もって本を渡し読んできてもらう、予読の場合もあります)。

4) 75ある作戦のうちから、1つの作戦を使います。本は、その作戦や対象にふさわしいものを用います。

5) 考えてもらう沈黙の時間（数分程度）を作ります。子どもたちは静かな空間の中で考え、自分の言葉と向き合います。

6) 全員の子どもたちに発言してもらいます。間違っても訂正はしません。わからないときは、他の子の意見を求め、読みを共有します。
7) 作戦が終わったら、「またこの次も別の本で遊びましょう」と次回への楽しみを伝えて、終わります。

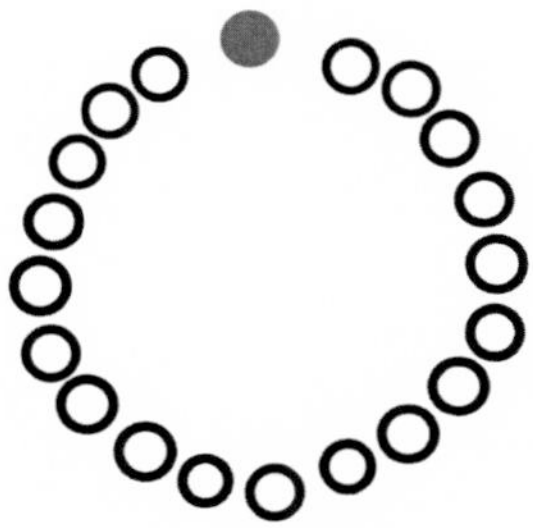

図2.13　座る位置（●がアニマドールの位置）

(2) アニマドールについて

子どもの読む力を引き出すアニマドールは以下のことを心がけましょう。
・自分はしゃべりすぎず、子どもたちの発言を引き出すようにします。そして、その発言を笑顔で肯定的に受け止めましょう。
・アニマシオンは、正解を求めません。間違えても、その子なりの読みができればいいのです。すべてを受け入れられるように、他人に対して寛容でいましょう。
・子どもの発言に良しあしはありません。しかし、アニマドール自身は自分の行ったアニマシオンについて常に厳しく振り返らなくてはいけません。常に向上心をもって、今の自分を冷静に振り返ることができるようにしましょう。できれば、アニマシオンを客観的に見てくれる人がいるとよいでしょう。そして、子どもたちが評価されている気持ちにならないよう、学校で行う場合は、教室とは違う別の場所で行いましょう。リラックスできる共感的雰囲気にすることが大切です。

(3) 本選びについて

まず、作戦は子どもたちの成長過程において必要な力を育てるのにふさわしいものにします。小学校中学年までは、収束的思考（まとめる）を働かせるものがよいとされています。収束的思考は、まず注意して聞いて（見て）、それを記憶し、理解するといったものです。その後、学年が上がれば拡散的思考（ひろげる）を働かせる作戦を行います。想像力を働かせ、表現力をつけていくものです。できれば、継続的に実施できるように、長期計画を立てて作戦を決めておくとよいでしょう。

図2.14に作戦の土台をまとめました。こちらも参考にすると計画を立てやすいです。

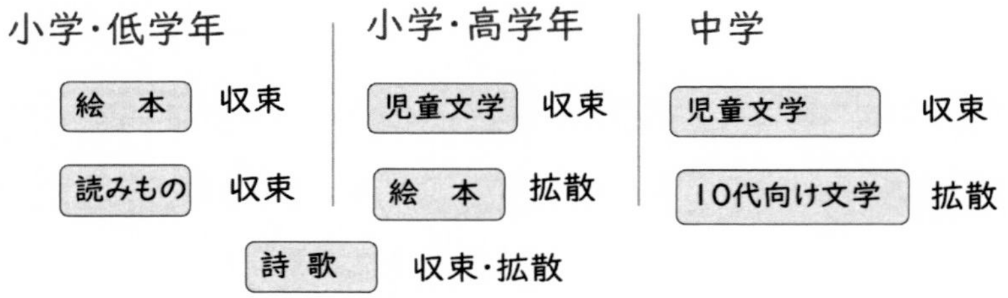

図2.14　作戦の土台

次に、作戦に適した本を1冊ずつ選んでいきます。作戦に合わせて以下のような本を選ぶとよいでしょう。

・「聴く力」を伸ばすための作戦ならば、聴いて理解できるような言葉で書かれた本

・アニマドールがお話の中からいくつかの場面を示し、子どもたちがアニマドールの読むお話を聞きながら登場人物になってその場所にいってみる作戦（例：作戦番号55「聴いたとおりにします」）の場合は、昔話など、場面がきっちり分かれていて、場面の展開がお話の進行に重要な意味をもつ本

・登場人物に着眼する作戦ならば、登場人物がよく書き分けられている本

・物語の流れ、その山や谷を把握するための作戦では、物語の展開が明確でわかりやすい本

なお、登場人物になりきるような作戦の場合は、子どもたちの人数分、

多くの登場人物やものが出てくる本を選ぶことが必要になるでしょう。子どもたちに紹介するのですから、紹介に値する価値ある本から選びます。

また、本は一人ひとりの子どもたちが手にできるように、人数分用意しましょう。黒木秀子事務所ホームページのアニマシオン貸出図書[5]（20冊～50冊複本所蔵）では、対象学年別の本と作戦を紹介していて、申請すれば無料（送料のみ有料）で貸出をしてくれます。あるいは、学校図書館では自治体内の学校間で貸借したり、公共図書館では相互貸借に応じてくれるようでしたらそれらを利用するなどして準備しましょう。

(4) 素材づくりについて

カードやペープサート（紙人形）などを作って作戦を行う場合は、アニマシオンに参加する子どもの人数分のカード等が必要になります。当日にならないと人数がわからない場合や急な欠席者に備えて、あらかじめカードやペープサートの優先順位を決めておきます。カードは子どもたちに配ってしまうので、文面の一覧を書いたものを手元に準備しておきます。

ペープサートなど、本の挿絵を描いて行う場合は、お話し会と同様に著作権の許諾（2.3.2項参照）を得ましょう。絵本の絵をコピーすることは避けましょう。また、読み聞かせの際は子どもに対して本のタイトル・著者名・出版社を明らかにします。

(5) その他

絵本ではなく読み物（物語など）を使ってアニマシオンをする際は、予読をしてもらいます。作戦を行う2週間前には、本を手渡しておくとよいでしょう。中には、「読めない」と言う子もいるかもしれません。最初の部分だけ一緒に読んでみるのも一つの手ですが、読めるところまで読んできてもらうとよいでしょう。作戦当日、読んできた子どもたちが楽しんでいる様子を見て、「次は最後まで読んでみよう」と思ってくれるのを待ちます。

2.7.4　読書へのアニマシオンの実践例

読書へのアニマシオンは、同じ年齢の集団を対象に行うのが望ましいので、学校や保育園・幼稚園で継続的に行うのが理想的ですが、ここでは公共図書館での実践例を紹介します。

板橋区立氷川図書館では、2017年から隔月でアニマシオンを実施しています。対象は主に小学校低学年で、気軽に参加できるように、絵本を使って予読なしで「作戦No.1 読み違えた読み聞かせ」「作戦No.12 前かな？後ろかな？」「作戦No.29 物語を語りましょう」などの作戦を行っています。読書へのアニマシオンは読書教育ですが、未体験の方はどうしても身構えてしまいます。そこで、板橋区立氷川図書館では保護者にも人数の余裕があるときは参加してもらい、アニマシオンを体験することで、その有効性や面白さを実感してもらっています[6]。

また、著書の勤めている行橋市図書館では、「祝日はアニマシオン！」と題して、2023年は祝日ごとに表2.5のようなアニマシオンを行いました。先に紹介した板橋区立氷川図書館と同様に、対象の年齢を絞らず、幼児から大人まで参加してもらっています。

表2.5　行橋市図書館のアニマシオン実践例

作戦番号と作戦名	使った本	準備物など
No.26 ここだよ	あたごの浦★1	ペープサート
No.29 物語を語りましょう	まさかりどんがさあたいへん★2	カード
No.55 聴いたとおりにします	ランパンパン★3	ペープサート
No.12 前かな？後ろかな？	これはのみのぴこ★4	ペープサート
No.29 物語を語りましょうの変形	あのね、わたしのたからものはね★5	カード
No.6 本と私	あるかしら書店★6	予読
No.2 これだれのもの？	やまあらしぼうやのクリスマス★7	ペープサート

著者はアニマドールとしてアニマシオンを行っていますが、見守る人（スーパーバイザー）として、毎回別の図書館員に準備の段階から関わってもらっています。本番では、参加者の様子から本や作戦がふさわしかったか、またアニマドールの実践についての評価を冷静に・客観的に見てもらいます。これにより、自分自身が気づかなかったことを教えてもらえ、次に実施する際に改善することができます。また見守る人が次回アニマドールになることができ、アニマドールの育成にもつながります。

定期開催を始めたばかりですので、現在は、アニマシオンとはどういったものかを知ってもらう段階です。また、学校で行う場合と違い不特定多数が対象となるため、同じ対象に継続して行いにくい、予読の作戦を行いにくいといった課題点があります。そのため、使う本や作戦が限られています。

本宮市立しらさわ夢図書館[7]では、平成27年度から保育所・幼稚園・学校等支援・連携事業の一つとして、保育所や学校等へ出向いてアニマシオンを行っています。年100回程度、市内の11保育所・幼稚園の５歳児や７小学校の１～６年生を対象に、柳沼志津子館長を中心に３～４名の司書がローテーションを組んでアニマシオンを実施しています。保育所の先生からは「子どもたちの聞く耳が育つ」「集中力がつく」と、小学校の先生からは、「同じ本を一緒に読むといった経験が貴重」「一冊の本をいろんな角度から考えるきっかけになる」との声があり、作戦を楽しみにしているそうです。

また、甲州市立図書館[8]では、「ピーターパン　おはなしの会」「学校巡回アニマシオン」「子ども読書クラブ・カムカムクラブ」という３つの場で、アニマシオンを行っています。「ピーターパン　おはなしの会」は甲州市立勝沼図書館の幼児・低学年向けの工作つきお話し会で年３回、読み聞かせによるアニマシオンです。「学校巡回アニマシオン」では全館で2014年から市内全13小学校の１・２年生へ年２回、学校図書館司書と連携をとりながらアニマシオンを、そして「子ども読書クラブ・カムカムクラブ」は2003年から小学校３・４年生を対象とし、会員制で市内探検や司書体験等もしながらアニマシオンを実施しています。

これらの活動は、司書の青柳啓子氏が『読書で遊ぼうアニマシオン：本が大好きになる25のゲーム』[1]を1997年に共訳著されたことから始まり、2004年甲州市合併後も図書館の読書活動推進事業の支援の一つとして行い、学校巡回で使用する本は一冊ずつ手に取れるように28タイトル分、複本で所蔵しています。幼児から継続して本を読む楽しさをアニマシオンで体験してもらい、次なる読書活動につながるよう手助けにしているのです。

これらの実践に学び、次の一歩として、筆者も保育園・幼稚園・学校へも出向き、さまざまな作戦を行いたいと思っています。そうすることで読書が好きになり、将来にわたって図書館を利用する子どもや周りの大人が増えることにつながると考えます。

まだ体験したことがない方は、近くで開催されている講座や黒木秀子事務所がZoomで開催している「定例勉強会」[9]に参加されることをおすすめします。

2.7.5　読書へのアニマシオンが及ぼす力

「読書へのアニマシオン」が本当に読む力を育成できるか、著者は教育効果を調査しました（小田2013）。読書の大きな壁が小学校4年生ぐらいであることから、その前後の3年生と5年生の各一クラスを対象に、当時の国語科の学習指導要領に応じて、3年生には「登場人物に注目し、物語の筋を追いながら、その内容を理解できる」作戦、5年生には「登場人物の心情を理解し、自分の考えをもちながら読むことができる」作戦を、それぞれ表2.6と表2.7のように組み立てました。

表2.6　3年生へのアニマシオン実践例

回	作戦番号と作戦名	ねらい	書　名
1	No.29 物語を語りましょう	物語に夢中に	まさかりどんがさあたいへん★2
2	No.5 いる？いない？	登場人物を識別	王さまと九人のきょうだい★8
3	No.3 いつ、どこで？	時間と場所に留意	くつなおしの店★9
4	No.36 物語ではそう言ってる？	段落の内容の違い	まるいくに★10
5	No.54 だれが、だれに、何を？	筋を追い、登場人物を理解	バレエをおどりたかった馬★11
6	No.8 にせもの文	筋が通っている	雪の森のリサベット★12

表2.7 5年生へのアニマシオン実践例

回	作戦番号と作戦名	ねらい	書 名
1	No.29 物語を語りましょう	物語に夢中に	まさかりどんがさあたいへん★2
2	No.54 だれが、だれに、何を？	筋を追い、登場人物を理解	ネコのタクシー★13
3	No.9 だれのことを言ってる？	登場人物の描写を元に判断	アンソニー★14
4	No.7 どんな人？	登場人物がどんな人かを発見	おふろのなかからモンスター★15
5	No.31 どうして？	登場人物の感情や態度に気づく	魔法のスリッパ★16
6	No.11 これが私のつけた書名	自分の発見したことを人に伝える	ハンカチの上の花畑★17

実験前後に独自の「読書テスト」と「質問紙調査」を行い、読む力とともに読みたい心も育つのかを分析しました。その結果、3年生「質問紙調査」においては、実験群全員がアニマシオンをして本に興味が出てきたことが確認されました。また、ねらいを達成しアニマシオンの効果が見られました。しかし、5年生実験群では、アニマシオンをしても本に興味が出てこない児童が20％いました。「読書テスト」でも5年生は読みの二極分化が表れており、読むのが苦手な子はねらいを達成することができませんでした（なお、調査期間にアニマシオンを実施しなかった統制群である他のクラスには、調査後同じアニマシオンを行いました）。

このことから、小学生3年生以前から中学生・高校生まで、発達段階に応じて「読書へのアニマシオン」を実施していくことで、本を楽しむことができ、同時に自然と読む力がつくものと考えられました[10]。

＊コラム 読書へのアニマシオンの紹介活動を通して 黒木秀子

私の読書へのアニマシオンとの出会いは、1997年にモンセラット・サルト著の『読書で遊ぼうアニマシオン：本が大好きになる25のゲーム』（佐藤美智代・青柳啓子共訳 柏書房）を翻訳者の佐藤さんから紹介されたことでした。その後、私はスペインに行ってアニマシオン団体の先輩たちから直接指導を受けるチャンスに恵まれました。

日本では小学校の先生方をはじめとしてアニマシオンへの関心が寄せられて、私は各地にこの方法を紹介して回ることとなりました。2000年頃にOECDの学力調査で日本の子どもの読解力が高くないと指摘があったこともあり、ヨーロッパ型の読解教育として読書へのアニマシオンは注目されるようになりました。

私は2001年から、参加自由の月例「アニマシオン勉強会」を立ち上げ、2024年現在も毎月続けています。2007年には社会貢献支援財団の「子ども読書推進賞」という身に余る賞もいただきました。2008年から10年間、NPO法人日本アニマシオン協会を設立し運営しました。読書教育の方法の紹介普及と、そのために使用するアニマシオン図書の無料貸し出し事業が中心でした。2018年にNPO法人を解散してからは、個人事務所で紹介普及ならびに図書貸し出しを行っています。

読書へのアニマシオンは日本全国の幼稚園保育園、小学校、中学校で、大変に温かく迎えられました。紹介活動では必ず「体験の時間」を入れることにして、先生方に「こどもになったつもりで」アニマシオンを経験していただきました。「これは楽しい。ぜひ自分の学級でやってみたい」先生方のそうおっしゃる声があがり、読書へのアニマシオンは初紹介から四半世紀を超えて、各地で愛されてきています。感謝でいっぱいです。

課題として、「本に背中を向けたこどもを読めるこどもに育てる」とうたうからには、その効果についての証明が必要です。読書力は、国際的には数値で計測可能な能力とされています。しかし日本の学校システムの中で、年間を通じた計画的なアニマシオンを実施し、その教育効果を測定することは簡単にできることではありません。国や都道府県のこどもの読書活動に関する基本計画に「アニマシオン」の文言が入ってから6年目を迎えています。ぜひ、公的な機関の主導による読書へのアニマシオンの年間実施と効果測定が行われるように願ってやみません。

「アニマシオンは、受容的にこどもに接し、大人の解釈を押し付けず、こどもの基礎的な読解力を引き出していくことに徹する。」スペインの指導者養成コースで習ったこのことを私はいつも心に刻んでいます。

2.8　展示・POP

本節では、図書館における展示やPOPについて説明していきます。

2.8.1　展示

展示は、「図書館にはこんな本もある！」という子どもたちの新たな発見を手助けすることができます。書架の中に入っているだけでは気づかない本と出会うことができるのです。そんな展示の意義や種類・留意点・方法について紹介していきます[1][2]。

(1) 展示の意義

展示をすると、利用者にとって次のようなメリットがあります。

・児童スペースの雰囲気や児童サービスに親しみがわきます。
・図書館にはさまざまな本があることや自分に適した資料があることに気づきます。

一方、展示をする図書館側にとっては、以下のようなメリットがあります。
・そのテーマに興味をもたせて、そのテーマの資料の利用を促します。
・新しく入った本の展示で、蔵書の新鮮さや魅力を感じ、その利用を促します。
・図書館の蔵書を改めて把握することができます。これは、これまで説明したさまざまな本を利用者に手渡すということにもつながっていきます。

(2) 展示の種類

展示には、主に次の2つの種類があります。
・新着図書の展示

新刊コーナーを設けて、新刊が入るたびに展示していきます。一定の期間を決めて（受入して3か月くらい）展示し、期間が終わったら通常の書架に移動します。
・テーマ展示

まずテーマを決め、テーマにふさわしい本を選びます。展示テーマについての説明や本の紹介文を考えて、展示の期間と場所も決めていきます。なお、図書館によっては展示場所が決まっていて、「特設（特別展示）」として月ごとや「ミニ特設（ミニ特別展示）」として隔週ごとにテーマを変えているところもあります。

(3) 展示への留意点

効果的な展示を行うには、以下のようなことに気を付けましょう。
・利用者が定期的に訪れてくれるように、常設のほか、期間限定の展示も行います。
・テーマは時節に合ったもので、子どもに関心のあるものを選びます。
・年中行事や過去の歴史的出来事などに合わせて、年間計画を立てます。
・児童スペースの入口など、人目につきやすい場所に展示します。目のつきやすいところの展示本はすぐに貸し出されるので、場の影響は大きいです。展示本がなくなってしまわないように、ある程度の冊数を準備すること、そして日々チェックし、少なくなれば補充していきましょう。
・子どもや保護者などが注目するように、本の配置や掲示物などに工夫をこらすとよいです。
・子どもたちがゆっくりと展示を見ることができるように、落ち着いた雰囲気が望ましいです。児童スペース全体にぬくもりがあるよう、例えば、暖色の同系色で統一し、やさしい感じにするとよいでしょう。また、アクセントとして反対色を使って強調することも効果的です。

(4) 展示の方法

建物に初めから展示コーナーが備わっているところもありますが、掲示板やテーブルを用いたり、展示ケースや書架を活用したりして展示することもあります。また、テーマの説明の紙を用意したり、POPや工作した掲示物を飾ったりもします。

(5) 展示の流れ

基本的に、日ごろ目にとまらない本を手にとってもらうため、次のような流れで展示を行います。
1) テーマを決めます。季節の行事や日常情報などを設定し、それに関連する図書を収集し展示します。
2) キャッチコピーで関心を引きます。
3) レイアウトを考えます。利用者が直接手に取って見ることができる棚や机が適しています。
4) 展示期間は長すぎず、短すぎず通常3週間から1か月とします。このような1か月程度の展示のほか、2週間程度の「ミニ特設(ミニ特別展示)」を設置することがあります。ミニ特設は、ニュースで取り上げられたばかりの話題や出来事、そして短い期間に必要な地域の出来事などの本を展示するのに適しています。展示かミニ特設かで、テーマや集める本の冊数も変わってきます。

5) 展示図書名の記録を取っておきます。後日、「前にここに展示してあったんだけど…」といった利用者の問い合わせに応えることができるからです。また、今後の資料としても活用できます。貸出冊数が多かったテーマは一年後にもう一度展示するといった行動も取れますし、利用者が求めている資料が浮き彫りになります。

展示については、上記で述べたこと以外にも『学校図書館ディスプレイ&ブックトーク　1～4』[3]という本が参考になります。

2.8.2 POP

POPは図書館員が作ることもありますが、学校図書館では図書委員を中心に子どもたちが作る場合があります。本項では展示の際に有効なPOPの役割や種類などについて説明していきます[4][5]。

(1) POPの役割

POPとは、英語のPoint Of Purchase（＝購買時点）の頭文字をとったもので、「購買時点広告」や「購入意欲促進広告」という意味があり、お店では商品の近くに置かれています。

図書館でのPOPの役割は、蔵書の情報を伝え、図書館を活性化するものです。POPを作ることで本に対する気持ちが向上し、またそれを見ることによって、その本に対する興味がわいてきます。価値ある本だけど、なかなか手に取ってもらえない、という本のPOPを作るとよいでしょう。読み物だけでなくレファレンスブックなどのPOPを作成すると、「図書館にはこのような調べものの本があるのだ」という調べものの道案内にもなります。

(2) POPの種類

POPは、図書館（室）の案内やフェア、イベントの紹介にも使えますが、本の案内・おすすめの本の紹介が中心となります。

(3) POPに入れる内容

本の紹介に入れる内容は、書誌事項（タイトル・著者・出版社）です。そして、その内容や感想で自分が一番強調したい部分をPOPのキーワードとし、キャッチコピーを考えましょう。キャッチコピーは、気を引いたり、共感を生んだりするように必要な人へ伝えるものです。

(4) POP作りの流れ

あまり手に取られないけれどおすすめしたい本のPOPを作ります。子どもたちに作ってもらう場合は、次のような順に行ってもらうとよいでしょう。

1) まず、「この本をすすめたい」と思う1冊を選びます。
2) 作品の印象やよかったところなど感想をメモします。
3) どんなPOPにするか、①書誌事項②キャッチコピー③イラストの有無④紹介文を考えます。
4) 下書きでイメージを固めます。
5) 要素3) の①～④の準備が整ったら厚紙にPOPのアイデアを書き写して完成させます。
6) 完成したPOPを本とともに飾ります。

(5) 見やすいPOP作成のコツ

POPは手書きが基本となります。見えやすいはっきりとした字で書きましょう。また、横書きならZ字に（左上から右下に）、縦書きならN字に（右上から左下へ）人の視線は動きます（図2.15）ので、それに合わせてレイアウトを考えましょう。そして、あまり情報を書きすぎると見にくくなるので、余白をうまく使い、文字の太さやカラー、マジックペンやクレヨン、色鉛筆など画材を変えて、強弱をつけます。自分のイメージや、アレンジを取り入れて描いてみましょう。時には、形にこだわって飛び出すように立体的に作ったり、折り紙や色画用紙などを用いたりするとよいでしょう。大きさは、紹介する本より小さいA5サイズ以下が一般的です。図2.16に実際のPOP例を示します。

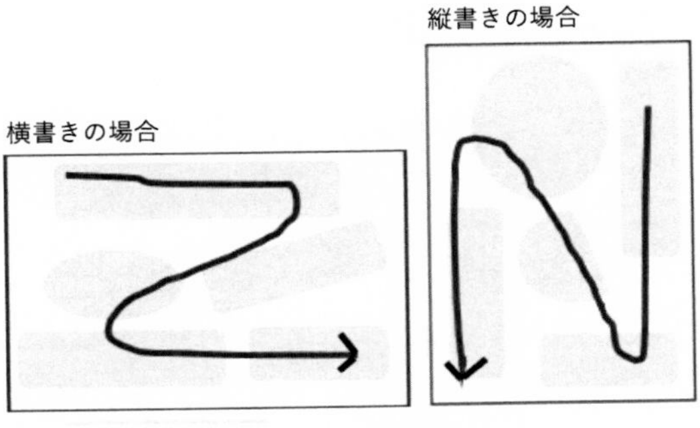

図 2.15　POP 視線の流れ

図 2.16　POP 例『学校図書館で役立つレファレンステクニック：調べる面白さ・楽しさを伝えるために』[6]

なお、ポプラ社全国学校図書館POPコンテスト[7]の入賞作品や『本のPOPをつくろう：読書を楽しむ』[8]という本が参考になります。

＊ POP 作成における著作権について[8] ＊

・表紙や挿絵をそのまま写してしまうと、著作権侵害の恐れがあります。著作権は、本に書かれている文章だけでなく、イラストや表紙のデザインなど広い範囲に及びます。

・学校の授業で POP を作成し教室内に展示する場合、POP に引用文を記載したりコピーを貼り付ける場合は問題ありませんが、それ以外の場やインターネット上で公開する場合などは、法律違反になる可能性があります。事前に出版社や権利者に確認するようにしましょう。

2.9 その他

本節では、本と子どもを結びつけるその他のイベントを紹介していきます。

2.9.1 読書会

課題とする作品や作者・テーマを決めて、それを事前に読んだ人が集まったり、あるいは課題の本をその場で読み聞かせたりして感想や意見を自由に言い合う読書活動のことを読書会といいます[1]。自分の考えを言えるようになる小学校高学年以上、中学・高校生が適しています。読書へのアニマシオンと似ていて、他人の読みを共有することで、新しい発見があります。

2.9.2 ぬいぐるみのお泊り会

ぬいぐるみのお泊り会とは、子どもがまず自分のお気に入りのぬいぐるみを持って図書館に預け、図書館員は預かったぬいぐるみが読書する様子を写真に撮り、後日ぬいぐるみを子どもたちに返却するときに撮影した写真とおすすめの本を手渡す、といったものです[2]。

こうした試みは2010年ごろ、米国の公共図書館で始まり、それを国立国会図書館が紹介し、日本各地の図書館が取り組むようになっています。ぬいぐるみを通して、子どもに本と図書館を好きになってもらうためのイベントです[3]。著者の勤務している図書館では、SNSを通して「今」のぬいぐるみの様子を発信しました。子どもたちはその写真を見て、ぬいぐるみが楽しんだ本と図書館に親しみをもってくれています。

2.9.3 本の福袋

年始に百貨店で売る福袋をまねて、図書館員の選んだ数冊の本をラッピングして置いておきます。「犬を飼ってみたいなら」や「パティシエになりたいあなたに」など、子どもの興味を引くテーマをつけます。中は開けてのお楽しみで、自分では選ばないだろう本と出会える楽しさがあります。そのため、一日であっという間に福袋がなくなったりします。その他、「図書館おみくじ」と称して、くじにおすすめの本が書かれているものもあり[2]、知らない本に出会うきっかけになります。

2.9.4　科学あそび

「科学あそび」とは、年齢に関係なく一緒に科学実験やものづくりなどを「あそび」として行うものです。そして、科学を知識として学ぶのではなく科学の面白さを体験するもので、例えば、磁石やLEDの電気、ゴム・木の実などを使って行います。対象は小学生が中心ですが、講座というかたちで中学・高校生でも遊びながら学ぶ電波教室やロボットのプログラミング講座なども行われています[1]。

子どもたちは自ら実験を行い、体験を積むことで、科学あそびの楽しさを味わい、科学の本への親しみがわいてきます。体験から科学の本へ、科学の本から体験へ、と行き来ができるといいでしょう。

子ども向けにSTEAM教育をはじめメーカースペースを取り入れて、子どもの体験格差を埋めようとするイベントもあります。STEAM教育とは、Science Technology Engineering Art Mathematics（科学、技術、工学、芸術、数学）といったさまざまな分野の教育を横断的に学び、それらを応用し、想像力や創造的な方法によって問題解決を図ることができる人材育成に力を入れる教育です。そして、メーカースペースとは、3Dプリンタやレーザーカッターなどを活用し、試行錯誤し、楽しみながらものづくりを学ぶ場のことです。例えば、県立長野図書館「信州・学び創造ラボ」[4]はメーカースペースを取り入れ、3Dプリンタで県の立体模型を作ったり、レーザーカッターで市町村パズル、UVプリンタでオリジナルライブラリーカードなどのものづくりを行ったりしています。

このように、最近、図書館の役割は情報提供としての機能に加えて、活動する場であることがクローズアップされているのです。

2.9.5　YAコーナーほか

中高生は部活や受験などで読書から遠のく傾向がありますので（1.1.4項参照）、学習などを行う場所の近くにYAコーナーを作るとよいでしょう。

YAコーナーは、まず児童フロアから一般フロアの中継点で架け橋の役割があります。次に、図書館が彼らをサービス対象として認識し、歓迎する意味をもちます。そして、落ち着く場所や、同じ趣味や悩みをもつ新たな仲間との出会いの「場」としての機能があります。

そのために用いられるのが「落書きノート」や「投稿掲示板」で、おすすめの本や漫画、流行っていること、悩みや自作のイラストや小説など自由に意見を書き込む場となります。「落書きノート」は紙面上、「投稿掲示板」はSNS上で、人前で話すことが難しくなるヤングアダルトにとって貴重なコミュニケーションの場です。留意点としては、誹謗中傷や個人情報の掲載などを禁ずる最低限の注意書きが必要となり、その上で図書館員が、プライバシーの侵害や差別表現がないかをチェックします。そして、つかず離れずの距離で見守り、必要に応じてレスポンスを返すとよいでしょう[3]。

また、YA資料のリストを作成したり、中学生以上の参加型プログラムとして「図書館委員会」や「図書館ボランティア」などを組織したりする方法もあります。日野市立図書館の「日野ヤングスタッフ」では、高校生と大学生が「推し本」を紹介する「青春BOOKWORM」や「Talk!! Talk? Talk!」といった冊子を作成・発行したり、ビブリオバトルなどを開催したり、「ヤングスタッフ活動日誌」を毎月発信しています（図2.17）[5]。

図2.17　日野市立図書館「Talk!! Talk? Talk!～香月日輪～」[6]

コラムでは、日野市立図書館の方が「日野ヤングスタッフ」立ち上げの経緯や活動の工夫点について質問に答えてくださったものを紹介しています。日野市立図書館ように読み聞かせなども含めた多様な図書館活動の企画実施などを行うことで、中高生に社会参加をしてもらうとよいでしょう。読書をすることで、生きる力を育み、大人社会への準備の場となるようなYAサービスをしていきたいものです。

＊コラム　日野市立図書館のヤングアダルトサービスについて (2024.4)

Q1. 日野ヤングスタッフを立ち上げた経緯を教えてください。

A1. 2006年2月に日野市立図書館第1次子ども読書基本計画が策定されました。策定時に、青少年に向けたサービスが行われていないことがわかりました。そこで、2007年11月に多摩平図書館にヤングコーナーを設置し、青少年に向けたサービスのうち、ひとまず実施しやすい、ヤングコーナー（YA世代向け図書を集めたコーナー）の設置から開始しました。

なぜ多摩平図書館に設置されたかというと、一つは、多摩平図書館は「多摩平の森ふれあい館」という複合施設の中にあり、同じ建物内に児童館があり、YA世代の利用が見込まれたためです。そして、同建物内に児童館・子ども家庭支援センターがあり、次なる青少年である児童の利用も多かったためです。

そして、2009年4月に「日野ヤングスタッフ★ドリームスクラム」（～2010年3月）という日野ヤングスタッフの前身となるものが、文部科学省の補助金を利用して立ち上げられました。スタッフへは謝礼や交通費も支払っていました。活動内容は、おすすめ本のリストの発行（青春BOOKWORM）等でした。

それから、2010年7月に「日野ヤングスタッフ」（～現在まで）が設立されました。「ドリームスクラム」が好評だったこと、活動を見て参加したくなった人もいたため、継続的に事業を行うことになったのです。

Q2. 日野ヤングスタッフ運営の工夫点があったら教えてください。

A2. 工夫点は、主に以下の3つになります。

①活動の場を図書館に限定しない

市内にある大学の図書館スタッフと共同でビブリオバトルを開催する、市内中学校の図書委員会で本の紹介をするなど、図書館外での活動も多く行っています。そして、大学図書館スタッフや中学生の図書委員となど、図書館外の同世代との交流にもつながっています。

②図書館で児童が参加する活動と世代の切れ目がない

日野市立図書館では、児童サービスとして、各世代に向けた取り組みを行っています。おはなし会や小学生の図書館員体験などで図書館に馴染みをもってくれた方が、中学生や高校生になっても図書館で行っている活動に参加することができます。

各世代に行なっている事業としては、小中学生向けには「夏休みジュニアスタッフ」（図書館員のお仕事を体験してもらう）、中学生向けには「中学生と作家の交流事業」（中学生が作家の講演会の企画・運営を行う）、高校生・大学生には「日野ヤングスタッフ」です。特に、「中学生と作家の交流事業」は講演会本番まで約半年かけて、参加する中学生が何回か会議を行い、講演会当日に行う企画などの準備をしていきます。日野ヤングスタッフが行っている活動に似ている面もあり、「中学生と作家の交流事業」経験者が日野ヤングスタッフに加入する例も多くあります。
③活動内容はヤングスタッフ自身に決めてもらう
　日野ヤングスタッフ事業では、あくまで図書館は活動を補佐する立場として、図書館からの押しつけではなく、スタッフ自身がやりたい活動を行っています。彼ら自身がやりたい活動をしていくことで、より活動に対するモチベーションも上がるのではと思います。どのような活動を行うか決める際には、図書館は過去の事例を紹介するのみで、今年度も開催するかは、ヤングスタッフ自身に判断してもらっています。もちろんヤングスタッフから新規にやってみたいことを提案された場合も、なるべく実現できるようにサポートをしていきます。

Q3. 担当の図書館員は、ヤングアダルト専任ですか？
A3. 児童奉仕という大きなグループの中に、日野ヤングスタッフ事業を担当する者がいます。そのため、児童奉仕担当としておはなし会や児童向けリストの作成等も担当しています。また担当職員の勤務館での職務もあります。（多摩平図書館ヤングアダルトコーナーの管理・選書、近隣の団地に関する資料のコーナー、近隣の起業支援施設との連携等）担当業務の合間を縫って、日野ヤングスタッフの活動の補助をしています。

Q4. その他、知ってほしいことはありますか？
A4. 日野ヤングスタッフでは、今年就活や受験を迎えるメンバーが多いことや、感染症対策の影響で、従来のような活動が思ったようにはできていないのが現状です。2024年度より、中学生も日野ヤングスタッフに参加できるようになりました。今後も、新しい世代につながるように、働きかけをしていこうと考えています。

2.9.6　まとめ

　本章では、本と子どもを結ぶさまざまな手法について説明してきました。大切なことは、まず本と子どもを結ぶ立場である私たちがとにかく本を読むことです。読んで、読書記録表（表2.8）に記録しておくと、お話し会やブックトーク・ビブリオトーク・ビブリオバトル・読書へのアニマシオン・展示などさまざまな手法につなげることができます。また、本を読むことで選書へのものさしができ、レファレンスに役立つでしょう。
　また、インターネットを使えばあるテーマの本が次々と自動ポップアップで紹介されてきます。印刷資料とそれらを併用しながら、必ず自分の目で確認し、ぜひオリジナルな記録を作ってみてください。その一つ一つが本を手渡す力となるでしょう。

表2.8　読書記録表

タイトル							
著者名							
出版社				出版年			
キーワード							
あらすじ							
登場人物たち							
所要時間(読み聞かせ)	分						
対　象(該当に○を)	赤ちゃん	幼　児	小　低	小　中	小　高	中　学	高　校
読み聞かせ							
ブックトーク	／	／					
アニマシオン	／						
メモ（感想など）							

実際に読み聞かせ等を行う際は、まずは基本的なルールに沿って紹介することをおすすめします。しかし、その時期どおり・ルールどおりにしなければならないということはありません。要は、子どもたちに読書を楽しんでもらうことが大事です。慣れてきたら、目の前の子どもたちの発達段階に応じて、どのように伝えれば子どもたちにその本のよさが伝わるかを考え、それぞれの手法を組み合わせる（読書へのアニマシオンのクイズ要素を入れたブックトークやお話し会での本の紹介）などして、蔵書を子どもたちにつなぎましょう。そして、子どもたちに本を手渡す私たちも、十分準備したら、楽しむことが大切です。

また、図書館の仕事はそれぞれが独立したものではなく、有機的につながっています（図2.18）。記録したものを読み返すことで、あるテーマの本を見つけることができ、新たなテーマを発見することもあります。

図2.18　本を読むことと手法の関係

また、図2.18に示したそれぞれの手法を実施する目安は、図2.19のとおりです。小学校高学年からは子どもたちが自らお友だちなどと本をつなぐ図書館活動や子ども司書などを行うことで、より本に親しむようになるでしょう。子どもたちはこのように本を共有することで、読書がより楽しくなり、読書習慣を身につけていきます。このような図書委員活動を支援していきましょう。

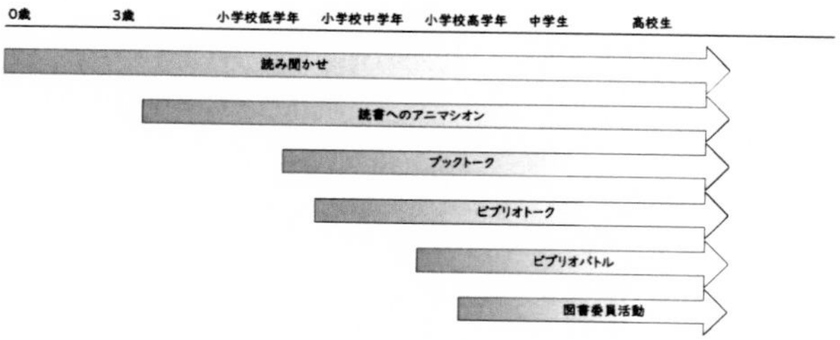

図2.19　さまざまな手法を始める時期

第3章

デジタル環境における児童サービス

図書館の児童サービスは、現今のDX化の進展に伴い、さまざまな変化が起こり、新しい試みがされています。ICT通信技術の進歩により子どもたちを取り巻く環境にどのような変化が起きているか、それに対して図書館はどのように対応しようとしているのか、事例を紹介します。これらを参考に今後の児童サービスについて考えてゆきましょう。

3.1　DX化の進行と子どもたちの読書環境

本節では、DX（Digital Transformation：デジタルトランスフォーメーションの略。デジタル技術を活用しデジタル技術を浸透させることで人々の生活をより良いものへ変革させること）化の進展により紙媒体に書かれた本だけではなく電子書籍やオンラインによる資料提供が普及してきたことによる読書環境の変化を取り上げます。このような読書環境の変化や、デジタル資料を記録保存するデジタルアーカイブの活用は、児童サービスにどのような変化をもたらしているか、事例を紹介することによって概説します。

3.1.1　読書環境の変化

現代ではスマホ育児（子どもにおとなしくしていてほしいとき、親が何か用事をしたいとき、子どもにスマートフォン（スマホ）やタブレット型端末を持たせて映像などを見せたり、操作させたりすること。また、それらをしつけ等に使用することなど）という言葉があるように、子どもの読書にもDX化の影響が及んでいます。

教育現場では、GIGAスクール構想から3年が経ち教科書や学習教材をPCやタブレット上で見るようになってきました。

「CRN国際共同研究子どもの生活に関するアジア8か国調査2021」[1]では「日本ではデジタルメディアを多用途で使わない傾向」「日本の母親の学習使用への抵抗感は、他国と比べて低い」との結果報告がなされています。

そのような中、文部科学省の「第五次子ども読書推進計画」(2023.3)[2]には、不読率の低減、多様な子どもたちの読書機会の確保とともにデジタル社会に対応した読書環境の整備、子どもの視点に立った読書活動の推進という方向性がうたわれています。これからの児童サービスにおいては紙媒体のみならず電子媒体等を取り込んで子どもの読書活動をいかに支援してゆくかが求められています。

3.1.2　電子書籍の登場

電子書籍とは、日本図書館情報学会用語辞典編集委員会編『図書館情報学用語辞典 第5版』[3]によると

> 電子書籍 electronic book: e-book
> 従来は印刷して図書の形で出版されていた著作物を、電子メディアを用いて出版したもの。従来の図書とは異なり、(1)表示方式、出力方式を読者が自由に変更できる。(2)音声や動画を含めたマルチメディアにすることが可能である。(3)項目間にリンクを張ったハイパーテキストにすることが可能である。(4)コンピュータまたは専用の機械がなければ読むことができない、などの特徴がある。コンテンツはインターネットなどで頒布され、電子書籍専用端末、コンピュータ、スマートフォンやタブレット型端末などの携帯情報端末を用いて閲覧する。

と定義されています。言い換えると、電子書籍とは紙媒体の印刷物でなく、デジタル情報として配信される書籍・漫画などの出版物を指すものです。電子書籍を閲覧するためにはパソコンや専用の端末が必要となります。AppleがiPadを発売した2010年は日本の電子書籍元年と呼ばれています。それ以前の1990年代は出版を電子メディアでという動きが加速し、主に写真をきれいに見たいというニーズに応え、出版社がサービスとしてDVDやCD-ROMに書籍や漫画などを搭載し、販売していました。

日本の電子書籍市場規模は年々拡大しており、2021年には紙媒体に3に対し電子出版1となる勢いです[4]。電子図書館についても、2024年4月の電子図書館（電子書籍サービス）実施数は437であると発表しています[5]。

3.1.3　電子書籍の公開

インターネットが急速に普及し、世界各国で電子図書館プロジェクトが行われるようになる中で、国会図書館では1994年に電子図書館プロジェクトが立ち上がりました[6]。

電子図書館サービスを提供するという流れは出版社から印刷業界の電子

化へと進み、そこから日販や東販などの流通業界に影響を及ぼし、業界全体を網羅するベンダー（販売業者）へと発展してきました。インターネットの普及による電子書籍のデジタルデータおよびコンテンツはアーカイブ化され、現在では国会図書館をはじめ多くの図書館から電子図書館として提供されるようになってきました。

公共図書館等団体による電子書籍のコンテンツは、原則として出版社による著作権処理の完了したもの、著作権が切れたものを無料で読むことができます。

一方、著者個人が自分の著作の一部をインターネット上でPDF形式にて無料公開し、読者にアピールしている場合もあります。
例：大沢在昌・京極夏彦・宮部みゆきのHP「大極宮」[7]

3.1.4　電子図書館について

電子図書館は文献[3]によると

> 電子図書館 electronic library
> 資料と情報を電子メディアによって提供すること、とりわけネットワークを介して提供することをサービスの中心に据えて、従来の図書館が担ってきた情報処理の機能の全体または一部を吸収し、さらに高度情報化社会の要請に呼応した新しい機能を実現させたシステムまたは組織、機関。1960年代以降の図書館機械化の流れの中で、1980年代後半から北米の議論が日本にも紹介され、1994年に長尾真(1936-)による電子図書館構想「アリアドネ」、1998年に「国立国会図書館電子化構想」(1998-)が発表された。公共図書館の電子書籍貸出サービスを指して「電子図書館サービス」と呼ぶこともあり、電子出版制作・流通協議会の調査では全国86館で実施されている(2019年現在)。インターネット上のシステムやサービスを指して「デジタルライブラリー」とも呼ばれる。

とされています。

そこで本書では、電子図書館とは「ネットワークを介して資料（電子書籍を含む）と情報を電子メディアによって提供するシステム」と定義します。

3.1.5 電子書籍の提供

3.1.3項に示したように、電子書籍を搭載しオンラインで電子図書館として販売しているベンダー（販売業者）が多数あります。図書館はベンダーから電子図書館システムを購入しています。利用者はその電子図書館システムを介してOPAC（蔵書検索システム）として見ることができます。日本で電子図書館システムを提供している会社やサービスには

・TRC（図書館流通センター）
https://www.trc.co.jp/
・KinoDen（紀伊國屋書店学術電子図書館）
https://kinoden.kinokuniya.co.jp/product/index.html
・OverDrive Japan
https://overdrivejapan.jp/
・LibrariE（日本電子図書館サービス）
https://www.jdls.co.jp/about-librarie/
・凸版印刷電子図書館サービス
https://www.holdings.toppan.com/ja/news/2022/11/newsrelease221122_1.html
などがあります。

電子図書館の画面には各社の特徴や工夫があります。代表的なシステムであるTRCとOverDrive Japanの例を見て、図書館のトップページの見せ方の特徴や利用しやすさなどを比較してみましょう（図3.1，図3.2）。また、日ごろ利用している電子図書館はどこのベンダーのものなのか確認してみましょう。

図3.1　TRCの電子図書館の画面例：こうとう電子図書館[8]

図3.2　OverDrive Japanの画面例：福山市電子図書サービス[9]

3.1.6　電子資料について

本項では、電子資料の種類と特徴、提供について述べます。

まず、そもそも電子資料は、以下のように定義されます[8]。

> 情報の蓄積、流通に電子的なメディアを用いた資料。メディア

> の記録形式からはデジタル資料ということもできる。電子資料は、情報を記録メディアに固定して物流システムで利用者に配送するパッケージ系資料と、情報を通信システムで利用者に伝送するネットワーク系資料に大別される。また、蓄積メディアが利用者の手元にあるか否かにより、ローカルアクセス資料とリモートアクセス資料に二分することもできる。

この電子資料のうち、図書館が主に所有し、利用者にアクセスされているものは、電子書籍、データベースおよび電子新聞です。データベースは、以下のように定義されています[9]。

> データベースとは、情報やデータをその特徴や属性に基づき体系的に組織化し、コンピュータを用いて検索できるように蓄積、管理した情報の集合物のことである。

図書館のデータベースの提供はデータベースが先行し、専用回線や電話回線を用いていたため使用料のコスト負担があり、効率的かつ効果的な検索には技術が必要でした。しかし、現在はウェブを通して、利用者自身が検索できるようになってきました。児童・生徒用の有料コンテンツである商用データベースの例として、「ジャパンナレッジSchool」があります（3.3.2参照）。

また、電子新聞は以下のように定義されています[3]。

> 通信手段を用いて不特定多数の人々に対して主として最新のニュースや評論を短い間隔で定期的に配信する情報サービス。電子新聞は、特定の購読者に対して実際に印刷された紙面と同じ内容を配信するものと、印刷された新聞とは異なるレイアウトにより不特定多数に配信するものがある。前者では専用ソフトウェアが必要であり、後者では必要ないが、記事の数や分量が少なく、写真なども限られている場合が多い。広義には、過去に印刷刊行された新聞や配信された電子新聞を電子メディアに蓄積し、検索、表示できるようにした新聞記事データベースを含む。

子ども向けには、「朝日小学生新聞for School」「朝日中高生新聞for

School」や「毎索ジュニア」「ヨミダス for スクール」などがあります。新聞を教材として活用するNIE教育(Newspaper in Education)に役立ちます。

3.1.7 電子資料の選書

電子図書館（3.1.4参照）における電子資料の選書基準は、多くの図書館が印刷資料の図書の選書基準に準拠しています。一部、奈良市立図書館[10]のように電子資料の選書基準を設けているところもありますが、全国的にはまだ少ないと言えるでしょう。

例えばLibrariEの場合、紙の本販売から電子書籍の販売開始までに2～3年かかり、児童図書・絵本・紙芝居のコンテンツは全体の6.3 %とまだまだ少ないです。また、予算に関しても選書できるコンテンツは高く、提供できるコンテンツが充実していない図書館が約70 %といった現状です。

しかし、電子書籍は本を読む習慣がない子や距離的・時間的に図書館へのアクセスが難しい子などにとって、気軽にアクセスでき、読書習慣形成の入口となります。そして、調べ学習にも役立ちます。

今後は紙と電子資料を二項対立的に見るのではなく、紙の資料（印刷資料）も電子資料も提供できるハイブリッドな環境下での選書が望まれます。

3.2 オンライン活用した児童サービス

本節では、書籍・雑誌中心の従来型の図書館が電子図書館機能を備え非来館型児童サービスを提供し、利用者満足度を向上させている事例を取り上げます。

3.2.1 国際子ども図書館（国単位）

国際子ども図書館[1]は、児童書を専門に扱う日本初の児童書専門のサービスを行う国立国会図書館の支部図書館として、2000年に設立されました（図3.3）。日本内外の児童書および児童書に関わる文献の収集・保存・

提供サービスを行っています。2000年に「絵本ギャラリー」が公開され、さまざまな絵本が電子展示会で提供されています。2012年には「国際子ども図書館子どもOPAC」ができ、本の紹介ページや、調べものの資料を検索するページなどができました。

現在、インターネットから利用できるサービス・コンテンツには、国立国会図書館オンライン、国立国会図書館デジタルコレクション、国立国会図書館サーチ、リサーチ・ナビがあります。このうち、国立国会図書館デジタルコレクションは児童書関連のデジタル資料を検索し、全文閲覧できます。ただし、全文をインターネット上で読むことができるのは1968年までに受け入れた資料です。

図3.3　国際子ども図書館[1]

3.2.2　ともなりライブラリー（自治体単位）

矢板市が市内小学校8校、中学校3校の全11校を対象に2020年に開設した電子図書館が「ともなりライブラリー」です（図3.4）。自治体が所管する電子図書館としては全国初の試みです。一人一台タブレット端末の整備が完了したことと、従来、読書推進活動の家読（うちどく）を推進してきたことが背景にあります。「ともなりライブラリー」の開設後、栃木県矢板市の児童生徒の読書量調査では、市内の小学児童の読書数が2年間で約

3倍に増えたと報告されました。

図3.4　ともなりライブラリー[2]

以下に示すコラムから、従来の紙媒体の本と併せて電子書籍を読むことによって読書に向かうハードルが低くなり、読書だけではなく探究型学習においても活用が進んでいることがわかります。さらに、電子図書館の運営や選書を担当する職員を配置するなど、自治体教育委員会の各学校図書館のハイブリッド化への支援が徹底されていることがわかります。

＊コラム　矢板市教育委員会によるともなりライブラリー構築の経緯（矢板市教育委員会事務局 教育部教育総務課　沼尾氏）

①ともなりライブラリー構築の経緯について

本市では、以前より第２次21世紀矢板市総合計画の中で、基本施策の学校教育を充実させる目標指標として、市内小中学校児童生徒の年間一人当たりの図書貸出数を掲げています。また、生涯学習課主管ではありますが、「子ども読書活動推進計画」の中で、「家読（うちどく）」の推進も掲げているところです。

しかしその実態としては、小中学校ともに読書量や「家読の認知率」は伸び悩んでおり、具体的な打開策を模索しているところでした。

一方で、矢板市ではICT教育に力を入れており、GIGAスクール構想による一人一台タブレット端末の配備が令和２年９月に完了しました。

コロナ禍において、臨時休校に伴う学習等の支援など「新しい学校生活様式」に対応するため、また、読書に対する興味・関心を引き出し、家庭や日常生活の中で気軽に読書に親しめる『家読』の環境づくりの推進のため、令和２年10月にクラウド型電子図書館システムを利用した学校電子図書館を開設することとなりました。一人一台タブレット端末があることで、学校で教員や児童生徒が電子図書館にアクセスしやすい環境が整っていたことは、スムーズな運用開始につながった要因であると感じています。

②授業での活用における工夫点について
「ともなりライブラリー」が授業で活用される場面として最も多いのは、各教科の学習内容に関連した調べ学習の際です。
児童生徒は、学校図書館と「ともなりライブラリー」の二つをうまく使いながら、学習に励んでいるようです。どちらも冊数・ライセンス数に限りはありますが、調べ学習の際に「ともなりライブラリー」を使うという選択肢が増えたことは、学習環境の充実につながるのではないかと考えております。
上記のような調べ学習の際には、図書事務員（③の回答に詳細を記しました）から学級担任に向けて、関連する書籍の紹介をすることもあるようです。

③人的サポートについて
市内小中学校に『SSS（スクールサポートスタッフ）兼図書事務』という職員を１名配置しております。
業務内容は、教員業務支援、学校図書館の運営業務（本の貸出業務や蔵書管理、図書委員の児童生徒のサポート等）と併せて「ともなりライブラリー」の運営業務も含みます。
ともなりライブラリーの管理に関しては、教育委員会と図書事務員において輪番制で担当し、トップページの画像の更新や、特集ページの作成を行っております。
また、電子書籍の選書作業に関しても、各学校の図書担当教諭と協力しながら、児童生徒の好みや要望を取り入れつつ実施しております。

3.2.3　非来館型サービスとしてのオンライン活用

2020年春以降、我が国でも新型コロナウイルス感染症の感染拡大に伴い、図書館では臨時の休館措置、学校の休校、外出自粛等さまざまな制限が伴い、対面でのサービスが困難になりました。

コロナ禍における制約の中、図書館のウェブサイトでは、新たな非来館型のサービスを展開しています。電子図書館を積極的に導入した国単位の図書館や自治体単位の図書館の図書館だけでなく、オンラインを前提としたコンテンツの整備が進みました。例えば、読み聞かせやお話し会、人形劇等の動画を配信している図書館が数多く見られます。

＜2020年度以降、動画配信を行った公立図書館の事例＞（抜粋）[3]

＊紙芝居

宝塚市立図書館（兵庫県）『じゃがじゃがくん』など計5作品
綾部市立図書館（京都府）『岡の大女房』
宗像市立図書館（福岡県）『オガチのすむ島』
＊ブックトーク
吹田市図書館（大阪府）『わいわいブックトーク（5・6年)』
三芳町立図書館（埼玉県）ひとくちブックトーク『長くつ下のピッピ』
＊絵本
羽生市立図書館（埼玉県）『ムジナもんのはっぱさがし』
＊昔ばなし
土岐市図書館（岐阜県）土岐市昔ばなし『樫の木と龍』
＊人形劇
前橋市立図書館（群馬県）『帰ってきたぜ！おおかみガブッチョ』
＊お話し会
相模原市立図書館（神奈川県）『おうちでたのしむミニおはなし会（わらべ歌/手遊びなど)』

3.2.4　埼玉県立飯能高校すみっコ図書館（学校単位）

埼玉県立飯能高等学校では学校図書館に独自の名前を付けています。4階の隅にあるから、という由来で付けられた名称は“すみっコ図書館”[4]です。通常の図書館機能が充溢《じゅういつ》していることは言うまでもありませんが、図書館を活用しやすいようにさまざまな工夫がなされています。

多数の学校図書館情報（蔵書や運営マニュアルなど学校図書館業務）やリンク集が公開され、学校関係者はもちろん、学校関係者以外にも公開されています。また、学校図書館の環境を居場所として整え、自然に本に親しむことができるように工夫されています。それらの日常的な活動が学校図書館のウェブサイトから発信されています（図3.5)。

図3.5　埼玉県立飯能高等学校「すみっこ図書館」[4]

3.2.5　図書館の独自資料

図書館が独自で電子化した独自資料があります。利用案内・利用動画・地域の昔話などをフリーでアクセスできるようにしている図書館は多くありますが、岡山県立図書館電子図書館システムの「岡山デジタル大百科」[5]では、動画・ホームページ・音声・文字・画像などさまざまな独自資料にアクセスできるようになっています。

＊コラム　個人向け電子版児童文学

小学館の『小学館世界Ｊ文学』[6]は、個人で購入する電子書籍です。「J」はジュニアを意味し、例えば、著：浅田次郎、角野栄子他の『小学館世界Ｊ文学』（小学館，2022）という本（図鑑）を買うと世界の児童文学125冊が購入者のデバイスから全文を電子書籍として読むことができるというものです。購入者は図鑑の作品紹介を読み、気に入ったら全文を電子書籍として読むことができます。文字をマーカーで追ったり、読み上げ機能がついていたりもします。

なお、『小学館世界Ｊ文学』は、2023年に一般社団法人 日本電子出版協会からスーパー・コンテンツ賞を受賞しています。

3.3 オンライン活用で学習支援

本節では、主に学校現場で行われているオンラインによるさまざまな学習支援の事例を紹介します。児童サービスは主に公共図書館で行われていますが、学校図書館支援も公共図書館による児童サービスの一環として知っておいていただきたいことです。

3.3.1 電子書籍読み放題

公共図書館で導入され、一部の学校でID連携（異なるサービスのアカウントを、同一人物のアカウントであることを認証・認可した上で、紐付けること）もされている電子図書館は、コンテンツごとの閲覧回数や閲覧期限、利用者への同時貸し出し冊数に上限がある場合が多くあります。一方で、読み放題のサブスクリプションサービスを提供する企業もあります。ここではポプラ社が全国の小・中学校向けに提供する「Yomokka!（よもっか！）」、「Sagasokka!（さがそっか！）」を取り上げます（図3.6）。

児童書出版のポプラ社や岩波書店、偕成社、Gakken、講談社ほか38社が参加している読み放題型電子図書館「Yomokka!」は、2024年4月時点で良質な作品、約4200冊が掲載されています。

オンライン事典サービス「Sagasokka!」は、従来、紙媒体で提供されていた「総合百科事典ポプラディア」を中心とする、こどものためのレファレンス資料をデジタル化し、オンラインで提供しているものです。

図3.6　ポプラ社のMottosokka!（左）とSagasokka!（右）

また、「北九州市子ども電子図書館」[1]は子ども専用の電子図書館で、図書館作成の読書感想文集や音声資料・漫画も提供しています。

3.3.2 百科事典の電子図書館

一般の検索サイトからアクセスすると、情報の真偽を見分けることが難しく確実性を担保できない場合があります。そこで本項では、学術的に確かなものを網羅した民間の百科事典データベースとして定評のあるジャパンナレッジとジャパンナレッジSchoolを取り上げます（図3.7）。

ジャパンナレッジは「国史大辞典」「日本古典文学全集」「日本国語大辞典」「世界大百科事典」「日本大百科全書」など80種類以上の辞書・事典・ニュース・学術サイトURL集などを集積した日本最大の知識データベースです。ジャパンナレッジSchool[2]はオンライン百科事典であるジャパンナレッジを中高生向けにしたものです。中高生向きに厳選したコンテンツを搭載して、ジャパンナレッジと同様に小学館グループのネットアドバンスからオンラインで提供されています。

内容は日本大百科全書（ニッポニカ）（小学館）と改訂新版 世界大百科事典（平凡社）を中心に教科学習を充実させる国語便覧、英和大辞典、和英ライティング辞典、数学解法事典等が搭載されています。教科授業と連動しているので中高生が各自で学習するときに便利なツールです。

図3.7　ジャパンナレッジスクール[2]

3.3.3　学校図書館蔵書検索との併用

「ぽけっと図書館（ぽけとしょ）」は、児童生徒が多面的に本を探すことができる図書検索システムで、TRC（図書館流通センター）の図書データベースTRC MARCを使用した、「TOOLi-S」を基とした機能学校図書館活用ツールです[3]（図3.8）。

利用者である児童生徒は各自のデバイスで「ぽけっと図書館」を使って、キーワードだけでなく児童の調べものに特化した件名である学習件名で検索することができ、また、教科書の単元からも関連図書を検索することができます。学校図書館蔵書から本を探すことができるのはもちろん、電子書籍（※別途契約）も同時に複数の利用者が読むことができます。また、児童生徒はTOOLi-S画面上から読みたい本をリクエストすることもできます。

また、学校図書館運営担当者はTOOLi-Sのオプション機能である「TOOLi-S蔵書管理システム」を使って、TRC MARCと学校図書館の蔵書データを紐づけ、蔵書管理や統計作成等、図書館業務を行うことができます。加えて児童生徒の読書傾向を知ることもできるので、学校図書館担当者の管理業務に費やす時間を児童生徒への支援に回せそうです。

図3.8　TOOLi-Sタブレット版ぽけっと図書館[3]

3.3.4　メールレファレンス：墨田区立図書館

墨田区立図書館ではメールによるレファレンス（調査研究などのための相談）サービスを設けています[4]。「日常生活の中で分からないことや調べてみたいことがあったら、どんな事柄でもお気軽に図書館上のフォームに質問内容や必要事項を記入して「送信」してください。」と案内がウェブページに表示されています。

司書の介在メールレファレンスサービスは学校の調べ学習に対応した質問や社会人の調査研究に使われることが多く、2006年のサービス開始から受付総数は739件（2023.11.17現在）になっています。メールレファレンスサービスによって顧客満足度が上がり、利用者の状況に応じ利用者のニーズを掘り起こして成功している例と言えます。

3.4 デジタルアーカイブの活用

DX化の表れとして図書館や博物館および文書館などが連携し広く資料提供を行っているデジタルアーカイブの登場と、その利活用について説明します。

なお、本節においてデジタルアーカイブとは、図書館や博物館、文書館、美術館などの所蔵資料や所蔵品のデジタルデータを公開したもので、検索機能を用いて利活用することができるシステムおよびデータと定義します。

3.4.1 デジタルアーカイブの概観

NPO法人日本デジタルアーキビスト資格認定機構は、デジタルアーカイブを以下のように定義しています[1]。

> デジタルアーカイブという言葉は、デジタル技術を用いて作成されたアーカイブという意味の造語です。対象は、公的な博物館、図書館、文書館の収蔵資料だけでなく、自治体・企業等の文書・設計図・映像資料などを含め有形無形の文化・産業資源など多岐に渡ります。また、完成されたものだけではなく、そのプロセスに関する資料も対象となります。デジタルアーカイブは、これらを収集し、デジタル方式で記録し、データベース技術を用いて保存、蓄積し、ネットワーク技術を用いて検索を可能にして、継続的に活用することです。このように蓄積したデータは、研究や学習支援、地域の振興、防災、経済の発展、新たなコンテンツの創作等への活用が可能となります。このことから、デジタルアーカイブは知識循環型社会の社会基盤として重要視されています。

要約すると、コンテンツ（メディアを通して伝えられる情報の内容）が整理・保存され、デジタル技術を駆使して公開されているデータがデジタルアーカイブということになります。

以上のように、図書館、博物館、文書館、美術館などの公共性や文化的な価値が高く、将来にわたって保存する価値のある資料の記録や保存がなされ、活用が進んでいます。

一方、インターネット上でコンテンツを公開しているがアーカイブ化されていないデータ（YouTubeなど）も多数ありますが、それらは本書では除外します。

3.4.2 デジタルアーカイブのデータベース

デジタルアーカイブを活用しデータベースとして配信しているものに、以下のようなものがあります。図書館担当者にとっても便利ですし、図書館利用者に案内すると利用者の助けにもなるでしょう。

・全国地方自治体リンク47

第一法規株式会社が運営するサイトです。全国の自治体の公式サイト、観光情報、例規集、議会会議録などのリンクがまとめられています。

https://www.daiichihoki.co.jp/jichi/47link/

・外務省「国・地域ページ」

世界各国の基礎データやトピックスがわかりやすくまとめられています。

https://www.mofa.go.jp/mofaj/area/index.html

・e-Start（政府統計の総合窓口）

各府省等の統計データを検索できる、総務省のポータルサイトです。

https://www.e-stat.go.jp/

・e-Gov（電子政府の総合窓口）
デジタル庁のサイトで、法令検索から現在施行の法令が検索できます。
https://www.e-gov.go.jp/

・インターネット版官報
国立印刷局が運営しているサイトです。法律、政令などの官報情報と、政府調達の官報情報をPDFで見られます。直近の90日間の官報情報が無料で閲覧できます。
https://kanpou.npb.go.jp/

・青空文庫
著作権保護期間が終了した作品などのテキストを公開しています。ボランティアによって運営されています。多くの図書館が電子図書館のコンテンツに含めています。
https://www.aozora.gr.jp/

・JAPAN SERCH（ジャパンサーチ）

さまざまな分野の連携・協力により2020年から国立国会図書館がシステムを運用しているプラットフォームです。キーワードで検索でき、閲覧・利用ができます。
https://jpsearch.go.jp/

・先生のための授業に役立つ学校図書館活用データベース
校種、教科・領域、学年を指定して、授業実践事例を検索できます。
https://www2.u-gakugei.ac.jp/~schoolib/

3.4.3　電子資料検索サイトおよびリンク集、パスファインダーなど

デジタルアーカイブとは言いませんが、以下のようなデータベースも調べ学習に役立ちます。

【検索サイト】

・Yohoo!きっず
子ども向けの検索ページです。
https://kids.yahoo.co.jp/

・学研キッズネット
自由研究・科学・仕事などたくさんのことを調べられます。
https://kids.gakken.co.jp/

・東書KIDS
いろいろな教科のことや動画が見られます。
https://kids.tokyo-shoseki.co.jp/

・なるほど統計学園

統計の見方・探し方を教えてくれます。
https://www.stat.go.jp/naruhodo/
・キッズすたっと～探そう統計データ～
学習に役立つ統計が探せます。
https://dashboard.e-stat.go.jp/kids/
・農林水産省こどもページ
農林水産業について楽しく調べ、学べます。
https://www.maff.go.jp/j/kids/
・ウチューンズ　宇宙科学研究所キッズサイト
宇宙に関することを画像や動画を見ながら学べます。
https://www.kids.isas.jaxa.jp/
・はれるんランド
天気や地震・台風のことなどが学べます。
https://www.jma.go.jp/jma/kids/index.html
・小学生のための環境リサイクル学習ホームページ
ゴミとリサイクルのことが調べられます。
https://www.cjc.or.jp/j-school/
【リンク集】
・国際こども図書館キッズページリンク集
図書館や会社などが作っているキッズページを集めたリンク集です。
https://www.kodomo.go.jp/info/kids/index.html
【パスファインダー】
・国立国会図書館リサーチナビ「公共図書館パスファインダーリンク集」
全国の都道府県立、政令都市立図書館がウェブ上に公開しているパスファインダーを集めたものです。
https://ndlsearch.ndl.go.jp/rnavi/plan/pubpath
・福岡県立図書館「学校支援のページ　パスファインダー～調べ方の近道案内」
学校図書館による授業支援の一つとして教科に役立つことを目的に作成されたものです。
https://www2.lib.pref.fukuoka.jp/page_id1205

3.4.4 所蔵資料のデジタルアーカイブ化と公開

ADEAC[2]は、デジタルアーカイブを検索・閲覧するためのクラウド型プラットフォームとして、東京大学資料編纂所社会連携研究部門との産学連携の研究成果に基づき2012年に会社組織として設立されました。全国各地の歴史資料や文献テキストおよび画像を自治体や美術館・博物館等の組織から依頼を受けて記録しデジタル資料化しており、利用者はADEACのウェブサイトから自治体や美術館・博物館等の資料（絵画・写真、立体物、地図、古典籍、文書・記録、図書、書簡、映像、新聞・雑誌等）を横断検索することができます（図3.9）。

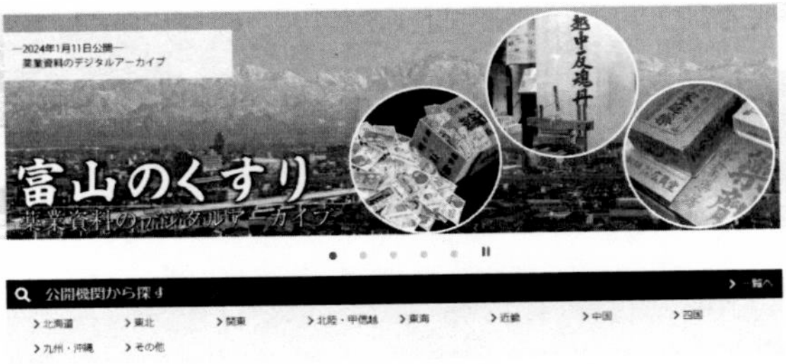

図3.9　ADEACウェブページ[2]

3.4.5 デジタルアーカイブと連携した児童サービス

松川村図書館は、2009年に「児童サービスを中心に据える」[3]という理念のもとに出発しています。安曇野ちひろ美術館とMLA連携（図書館、文書館、博物館、美術館等の協力体制）して開館当時から運営されてきました。長野県では、「信州ナレッジスクエア」という、信州に関わるさまざまな地域情報資源のポータルサイトを運営しています。そのなかのサービスの一つ「eReading Books」（図3.10）で、松川村教育委員会が『わたしたちの松川村』（図3.11）を身近な地域を学ぶデジタル教材として公開しています。

図3.10　eReading Books [4]

図3.11　わたしたちの松川村[5]

以下に松川村図書館長棟田氏へのインタビューを掲載します。松川村のコンテンツが「eReading信州学」に公開された経緯をお聞きしたものです。「村の教育委員会が小学生向けの郷土学習用副読本を作成するのにあたりまして、成果物を印刷冊子体ではなくウェブ上で公開したいけれど、そのスキルがないとの相談を受けました。以前より私は信州ナレッジスクエアの「eReading Books」の存在を認識しておりましたので、これは良い機会だと考えました。そこで村教育委員会、副読本作成業者、eReadingコンテンツ作成事業者、県立長野図書館担当者との四者による会議を設定し、公開に向けて動き始めました。」

ここで重要なのは、サービスの仕組みづくりにおいて、それぞれの立場の担当者による綿密な打ち合わせがあったということです。連携と協働が重要だと言えます。

3.4.6 学校図書館のデジタルアーカイブ発信と活用

聖学院中学・高等学校では、図書館を「文化遭遇たまてばこ」と名付け、さまざまな取り組みを行っています（図3.12）。

取り組みの一環として、図書館トップページのバナーに「デジタルアーカイブス」とボタンを表示し、学校の記録に外部からもアクセスすることが可能になっています[6]。これは、1906年（明治39年）の創立以来の史料を随時デジタルアーカイブ化して公開しているものです。司書教諭の大川功氏は「在校生、卒業生、教職員、また、将来本校に関わるすべての者に、建学の精神と本校教育活動の歴史を視覚的遺産として残すことを目的として始めた取り組みであった。しかし、次第にコンテンツ自体が反響を呼び始め、「未来と過去、人と人をつなげる媒介」に成長していった」と述べておられます。このアーカイブは在校生の平和教育に、また、外部から研究のために活用されています。

このような取り組みにより、聖学院中学・高等学校図書館の貸し出し冊数は取り組み前の3倍に増えているとのことです。

図 3.12　聖学院中学・高等学校図書館のデジタルアーカイブス [6]

3.4.7　デジタルアーカイブ活用学習としてのS×UKILAM（スキラム）連携

2020年度から始まった学習指導要領の改訂により情報の活用が重視され、授業等におけるオープンデータの活用も模索されています。デジタルアーカイブ資料を引用して教師が教材を作成しようとしても、児童生徒がレポートを作成しようとしても、デジタルアーカイブはすべてが引用、転載などの二次利用ができる資料とは限りません。ただし、デジタルアーカイブの中には著者等のクレジットを明記して利用ができるオープンデータがあります。このオープンデータを教育の中で生かした実践例があります。その好例が「S×UKILAM（スキラム）連携：多様な資料を活用した教材アーカイブ」[7]です。

S×UKILAM（スキラム）とは、小中高の教員や教育委員会などの学校関係者(S)、大学・研究機関(U)、公民館など地域の施設(K)、企業(I)、図書館(L)、文書館(A)、博物館・美術館(M)などの関係者が、属性を越えて多様な文化資源を子どもたちの学びに資するために協働するコミュニティおよびその一連の取り組みのことです[8]。

2023年現在において、デジタルアーカイブを活用した学習は緒に就いたばかりと言えましょう。その一方、ジャパンサーチ等デジタルアーカイブを使って教材を作成し、探究学習に生かすという授業も模索されています。これがS×UKILAM（スキラム）連携の一例です。画像や一次資料を使っての学習方法は、アクティブラーニングそのものの具現化として注目してゆきたいものです。

3.4.8　オンライン活用における著作権

日本では著作権法[9]によって著作者の権利が保護されています。オンラインを活用して読み聞かせや朗読を行う際には、事前に著作権をもっている出版社等の許諾を得る必要があります。

著作権法は、著作物の無許諾利用を防止するという目的をもった法律です。著作者の権利の保護とともに、公正な利用を促進させ、文化の発展に寄与するための法律です。2023年2月に文化審議会著作権分科会においてDX時代に対応した著作権制度・政策の在り方の第一次答申が出され2023年5月に著作権法の一部が改正されました。

また、著作者が著作物の再利用を許可するという意思を表示している国際的著作権ルールであるクリエイティブ・コモンズ・ライセンス[10]の表示に注意を払う必要があります（図3.13）。

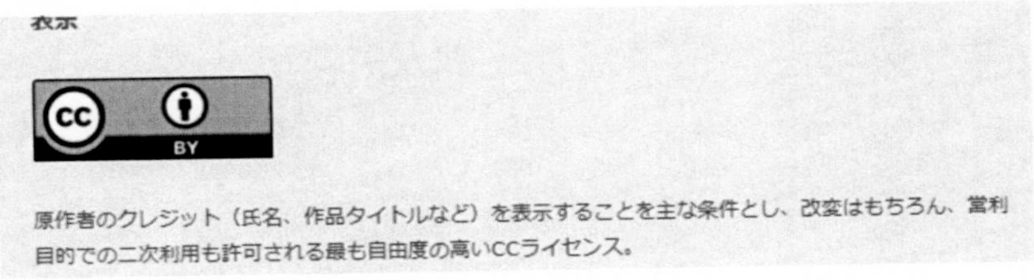
表示
BY
原作者のクレジット（氏名、作品タイトルなど）を表示することを主な条件とし、改変はもちろん、営利目的での二次利用も許可される最も自由度の高いCCライセンス。

図3.13　クリエイティブ・コモンズ・ライセンスの表示例

・著作権法：
https://elaws.e-gov.go.jp/document?lawid=345AC0000000048

また、インターネット時代のための国際的な著作権ルールにクリイエイティブ・コモンズ・ライセンスがあります。これは、著作者が作品の公表の意思表示をするためのツールです。

・クリエイティブ・コモンズ・ライセンス：
https://creativecommons.jp/licenses/

3.5　誰一人取り残さないために

近年のICTの進展と活用といった“デジタル時代”の到来から、さまざまな障害（バリア）の特性に応じた情報源の導入が検討されつつあります。そこで、本節では図書館の利用に障害（バリア）のある子どもたちに対する支援の現況・法制度を説明し、具体的事例を紹介します。

現実の社会には物理面、社会面、制度面、心理面、情報面など、さまざまな障壁（バリア）が存在します。社会の構成員である誰もが生活していく上でバリアとなるものを除去（フリー）するという意味で、バリアフリーといいます。

図書館では、「読書バリアフリー法（視覚障害者等の読書環境の整備の推進に関する法律）」[1]の施行をきっかけにさまざまな読書の形式が広がっています。

3.5.1　“誰一人取り残さない”SDGsへの認識と読書バリアフリー法

視覚障害、聴覚障害、知的障害、発達障害特性（LD,ADHD,高機能自閉症など）、ディスレクシア（読み書き障害）、肢体不自由、医療的ケア（病弱など）の必要、セクシャルマイノリティ(LGBTQ+)、海外にルーツをもち日本語を母語としない場合等、障害にはさまざまな様態があります。

SDGsの17目標の中で図書館に最も深い関係があるとされる目標は、ゴール16の「平和と公正をすべての人に」です。ゴール16のターゲット10には「国内法規及び国際協定に従い、情報への公共アクセスを確保し、基本的自由を保障する」[2]とあります。これは図書館の目的と合致するところです。

国連の「2030アジェンダ」[3]でも、誰も取り残さないことについて触れています。国連2030アジェンダが掲げた経済、環境および社会の開発をめぐる17の持続可能な開発目標(SDGs)を達成するために、図書館は重要な役割を果たすことができる機関です。図書館は、世界中のあらゆる国において、小・中・高等学校と大学の教育の中心にあり、研究者が新たな知識を創造するために研究とデータを再利用することをサポートするということを目標としているからです。

日本でも2019年に施行された読書バリアフリー法（視覚障害者等の読書環境の整備の推進に関する法律）[1]が制定されました。さまざまな障害と障害の有無に関わらずすべての人が読書による文字・活字文化の恩恵を受けられるようにするための法律です。

最近では、言語障害のある子どもたちのために作られたりんごのおもちゃから名付けられた「りんごの棚」の設置が広がっています。活字を読むことに困難があっても楽しめる、さまざまなタイプの本や機器を集めた棚やコーナーを、見つけやすいところに設け、利用や貸し出しを促進する活動です。

3.5.2　特別な（教育的）ニーズをもつ子どもへの児童サービス

図書館では、図書館利用に障害（バリア）がある利用者、特に視覚障害のある方の読書支援については、点字図書の提供や対面朗読といった障害(バリア）を取り除くための創意工夫を重ねてきました。「図書館利用に障害（バリア）がある」とは、以下を想定しています。

①物理的・制度的な障害

②利用できる資料を図書館が保有していない・乏しいという障害

③図書館で開催されるイベントに参加する上での障害

④コミュニケーションや情報発信に関する障害

児童サービスにおける「特別な教育的ニーズ」をもつ子どもへの支援では、2019年施行の「読書バリアフリー法」によってプリントディスアビリティ（印刷物を読むことが困難な障害）のある子どもの読書環境を整備する意識が高まっています。前掲の①から④の障害（バリア）のうち、本項では②の「利用できる資料を図書館が保有していない・乏しいという障害（バリア）」を取り除くための多様な資料を紹介します。

前提として、支援を行う上ではコミュニケーションが何よりも大切です。例えば、『障害者権利条約』[4]の第2条には「意思疎通」すなわちコミュニケーションの定義が具体的に示されており、「意思疎通とは、言語、文字の表示、点字、触覚を使った意思疎通、拡大文字、利用しやすいマルチメディアならびに筆記、音声、平易な言葉、朗読その他の補助的及び代替的な意思疎通の形態、手段及び様式（利用しやすい情報通信機器を含む。）をいう」[1]とあります。

そこで、以下のようにさまざまな読書のかたちが広がりつつあります（図3.14）。

・大活字本　通常の本よりも活字が大きく、読みやすい。
・点字図書　点字に翻訳されている。点を使って図や絵を表したものもある。
・LLブック　やさしい言葉で分かりやすく書かれている。写真やイラスト入りもあります。

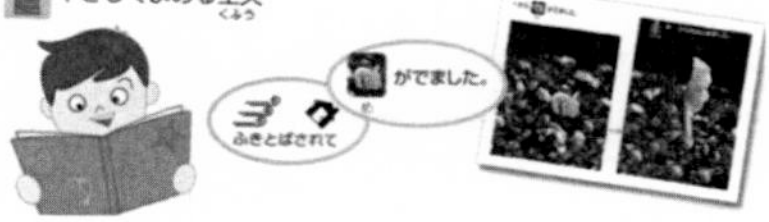

図3.14　LLブック[5]

・電子書籍　文字の大きさや色などを自由に変えることができる
・録音図書　ボランティアなどが朗読。音声で本を楽しめる。

*コラム　「声の広報」

千葉県船橋市には、「読書バリアフリー法」ができる前から視覚に障害があり読むことが困難な人のために、行政からの広報を読み上げで提供するサービスを行っているボランティアグループの活動があります。記事をテープやCDに吹き込み、送付するというものです。

・ふなばし「声の広報連絡会」

https://funabashi-civilpowers.net/G0000687/

3.5.3　マルチメディアによるバリアフリー対応

2000年代に入り、図書館の録音資料は、それまでのカセットテープを媒体としたものからCD形式の資料を“DAISY”という機器で再生するようになっていきました。DAISYとは、Digital Accessible Information Systemの略で、いわゆる“アクセシブルな情報システム”としてのデジタル録音資料のフォーマットです。

近年は「サピエ（視覚障害者情報総合ネットワーク）」[6]などの電子図書館を介してのデータ提供が主です。今日では、音声にとどまらず文字情報（＝テキスト）を同期させたマルチメディアDAISY[7]が主流となっています。

また、個人向け読書支援の音声読み上げは、スプリュームからYourEyes（ユアアイズ）という機器が出されています。ユアアイズは、視覚に障害があり本を読むことが困難な方に読み上げサービスを提供し読書を支援するものです。スマートフォンに「ボックス」というカメラの付いた専用機器をとりつけることにより、手元の本を読み上げてくれます。読み上げはAI解析とボランティアによる修正が行われ、音声で図版の解説も加えらておりさなざまな工夫がなされています。来館者向けに貸し出すサービスを行っている図書館もあります。

「YourEyes（ユアアイズ）」は、2023年に一般社団法人 日本電子出版協会から第17回電子出版アワード大賞およびチャレンジ・マインド賞を受賞しています[8]。

3.5.4　オンラインによる多文化サービス

昨今、日本語を母語としない子どもたちが増えています。そして、文部科学省は2022年に「日本語指導が必要な児童生徒数は、58,353人」である[9]と発表しています。

マイノリティサービスのうち、海外にルーツをもつ子ども、あるいは母語や日本語指導を必要としている外国籍児童に向けた読書支援について、図書館ではこれまで多文化サービスという名称で実施してきました。ここでは、JICAによるオンライン多文化サービスを取り上げます。

JICA横浜ライブラリーでは、国籍、民族等の異なる人々が、互いに文化的背景等の違いを認め、人権を尊重し合い、地域社会の対等な構成員としてともに生きる社会を目指すために図書館の児童サービスの一環として活動しています。具体的には、YouTubeでの多言語による読み聞かせ、2021年10月からYouTubeによる「日本語とスペイン語によるよみきかせ」「日本語とポルトガル語と英語によるよみきかせ」をしていました。

それぞれのニーズに合わせた情報の提供の事例として、『こんにちは Ola! Hello!』（原作：中村未来（絵・文・英語訳）／ポルトガル語翻訳：ソーニャ・レジーナ・ロンギ・二宮／発行者：二宮正人）の読み聞かせをYouTubeで視聴することができます（図3.15）。1908年に日本からブラジルへ渡ったブラジル移民百周年を記念して2008年に発行されたものです。作者の中村未来さんは、幼児期ブラジルで過ごした後、日本へ帰国しました。小学校へ入学したころの未来さんは、日本語が少々下手でした。そのために、この絵本のあひるのように、みんなの仲間に入るのが一苦労だったと書いています。

図3.15　絵本『こんにちは Ola! Hello!』[10]

新宿区立大久保図書館は多文化を意識した児童サービスの取り組みに力を入れています。2023年11月はネパール語の絵本の読み聞かせでした。コラムにインタビューを掲載していますので、ご参照ください。

＊コラム　多文化サービスの先進事例：新宿区立大久保図書館　米田雅朗氏談

ネパール語の絵本は、93冊所蔵しています（2023年4月現在)。ほとんどが寄贈でいただいたものです。大久保図書館の取り組みを、深くご理解をされている方（日本の方）がいらっしゃるのですが、ネパールのことに精通されており、2015年には、ネパールで大きな地震があったことから、復興支援のために、日本とネパールとを往来されています。

この方がネパールに行かれたときに絵本を購入され、日本に帰国された際にこちらに郵送で送っていただいたものです。いろいろな方々のご厚意により、支えられております。

また、外国のお母さんとお子さんの教育を支援している団体があり、こちらに来ていただいております。タイ語、ミャンマー語、スペイン語で絵本の読み聞かせを行ったことがあります。その他、言語だけ挙げますと、さまざまな団体あるいは個人の方のご協力により、アラビア語、ペルシャ語、トルコ語、スウェーデン語、チェコ語、アムハラ語（エチオピアの公用語）で、絵本の読み聞かせを行なっております。現在は休止中ですが、日本語学校さんとの協力により、ドイツ語、フランス語などで読み聞かせを行ったこともあります。

当館には韓国出身のスタッフと中国出身のスタッフが勤務していますので、韓国語のおはなし会と、中国語のおはなし会も開催しています。

＊コラム　学習塾経営・コーラスグループ指導者　早乙女弘枝氏談

外国籍の子どもの日本語能力の限界に理解を
（日本語話者であっても読み書きや感情表現に不自由がある事例）

小学生から塾にきたＭちゃんは、中国人のお母さんと日本人のお父さんの子どもでした。お母さんはＭちゃんのことが心配の様子で、片言の日本語でよく相談に来ました。

塾での様子は、なんとなくぽわんとしながらもみんなの中にいて、何か困っている様子もありませんでした。中学に入り、はじめは学校に通っていましたが、そのうちに学校に行こうとすると具合が悪くなって、学校にいけなくなりました。お医者さんに行っても原因はよくわかりません。塾には来られるので、私は、「小学生のときはなんとなくわかっているようにごまかせたことが、上手く伝わらないことに気が付いて、辛いんじゃないですか」とお母さんに話しました。お母さんは思い当たることもあるようで頷いたりしていましたが、お母さんにどれだけ伝わったかもわかりません。何か月かして塾にも来なくなり、やめました。
　それまでも、ハーフの子はいました。Mちゃんのように自分の気持ちを上手く伝えるすべをもたずに大きくなる子がいることを周囲が気づき、支援してほしいと思います。

3.5.5　DX化によって見えてきた誰も取り残さない読書体験の実現

　デジタル技術を活用し良いものに変化させるというDX化は、これまで以上に読書のバリアフリー化をもたらしています。

　ユニバーサルデザインという概念は、次の7つの原則[11]に基づいて、できるだけ多くの人にとって利用しやすくなることを目指しています。

1) 公平であること (Equitable use)
2) 柔軟性があること (Flexibility in use)
3) シンプルであること (Simple and intuitive)
4) わかりやすいこと (Perceptible information)
5) 安全であること (Tolerance for error)
6) 身体への負担が少ないこと (Low physical effort)
7) スペースが確保されていること (Size and space for approach and use)

　このユニバーサルデザインの7つの原則を読書という行為に当てはめ、その解決のためにDX化という技術がどのように貢献しているか一つ一つ見ていきます。

1) 公平であること (Equitable use)

　どのような状況・障害・特性をもつ利用者にとっても等しく書物の内容が理解・伝達できるようにすることが求められます。DX化が進められると、同じ書物が多様な言語で読めるようになり、音声で読み上げられることにより、視覚・聴覚・言語の壁を越えて、多くの人に書物に記載されている情報を伝達することができるようになります。

2) 柔軟性があること (Flexibility in use)

　表現形式や情報媒体はそれを受け取る人の側の状況によって複数・多様に変化できることが読書の柔軟性を高めることにつながります。

　DX化が進められると、紙に印刷した書物、タブレット端末などの画面に表示される文章、動画やアニメーションのような映像としての書物、読み上げ機能を用いた書物の音読等、同じ書物の情報が多様な表現形式によって表現されることになります。こうした多様な表現形式が可能になることが読書自体の柔軟性を高めることにつながってゆきます。

3) シンプルであること (Simple and intuitive)

DX化によってIT機器等の利用が一層すすみ、図書館利用や読書への誘いといった種々の手続きがシンプルになります。

4) わかりやすいこと (Perceptible information)

3) とほぼ重なりますが、個々の利用者の状況・障害・特性に応じた対応が可能になります。

5) 安全であること (Tolerance for error)

言うまでもなく図書館の読書環境は安全・安心でなければなりません。DX化が進められると従来、人的配置によって行われていた安全・安心への取り組みが容易になります。

6) 身体への負担が少ないこと (Low physical effort)

DX化がさらに進めば、どのような障害や特性をもつ利用者であっても身体への負担が少なく利用しやすい機器や設備が考案され、提供されるようになるでしょう。

7) スペースが確保されていること (Size and space for approach and use)

従来、スペースの確保は図書館設置や読書環境のデザイン等で重要な課題でした。しかし、DX化の進展によってVR（仮想現実）が導入されるようになれば、利用者がどんな状況や身体条件にあってもあたかも図書館という空間で読書しているかのように体感することが可能となるでしょう。

従来から、図書館はユニバーサルデザインを目指してきました。しかし今日では、デジタルデータやIT（情報技術）を含むDX化の進展によって、DX化の方向である人々の生活をより良いものへ変革するという原則に則って、資料を提供する図書館側も利用する側も、誰もが使いやすくより良いものへと変化し続けています。つまり、二次元の紙に書かれた活字を読むという限定された行為としての読書が五感を利用してどのような状況の人でも、良質で、正しく、十分な情報が伝えられる読書体験へと拡張されようとしているのです。

DX化はそうした未来の読書体験の場としての理想の図書館の姿をより現実のものへと近づけています。今後、IT 技術の進歩とDX化によって、読書のバリアフリー化とユニバーサル化はどんどん進められていくでしょう。近い将来、読書についても誰も取り残さないユニバーサルな"理想の読書体験"が提供される世界が実現されることでしょう。そのとき、図書館には新しい用途と機能と目的が与えられ、新しい理想の読書体験空間としての図書館が完成されることになるでしょう。

付録A

長く読み続けられている本の中には、改版になっているものがあります。ここには、現在手に入る最新の出版状況を反映したものを記載しています。なお、書名の後の( )内には改版したシリーズ名を記載し、初版年と改版年も載せています。

節	番号	書　　名(シリーズ名)	著　　者	出版社	初版年	改版年
1.2（表1.1）	★1	いないいないばあ　改版	松谷みよ子ぶん 瀬川康男 え	童心社	1967	1981
1.2（表1.1）	★2	おつきさまこんばんは	林明子作	福音館書店	1986	
1.2（表1.1）	★3	ちいさなうさこちゃん　改版	ディック・ブルーナ 文・絵 いしい ももこ訳	福音館書店	1964	2010
1.2（表1.1）	★4	しろくまちゃんのほっとけーき	わかやまけん[ほか]著	こぐま社	1972	
1.2（表1.1）	★5	じめんのうえとじめんのした 改訂	アーマ・E・ウェバー ぶん・え 藤枝澪子やく	福音館書店	1968	2001
1.2（表1.1）	★6	かにむかし　改版	木下順二作 清水崑絵	岩波書店	1959	2007
1.2（表1.1）	★7	どろんこハリー	ジーン・ジオン文 マーガレット・ブロイ・グレアム絵 わたなべしげお訳	福音館書店	1964	
1.2（表1.1）	★8	ぐりとぐら(ぐりとぐらの絵本)	中川李枝子さく 大村百合子え	福音館書店	1967	2007
1.2（表1.1）	★9	くまのこウーフ 新装版(くまのこウーフの童話集1)	神沢利子作 井上洋介絵	ポプラ社	1979	2020
1.2（表1.1）	★10	エルマーのぼうけん 新版	ルース・スタイルス・ガネットさく ルース・クリスマン・がネットえ わたなべしげおやく	福音館書店	1963	2010
1.2（表1.1）	★11	スーホの白い馬	大塚勇三 再話 赤羽末吉画	福音館書店	1967	
1.2（表1.1）	★12	ちいさいおうち 改版	バージニア・リー・バートン文・絵 石井桃子訳	岩波書店	1965	2001
1.2（表1.1）	★13	チム・ラビットのぼうけん	アリソン・アトリー作 石井桃子訳 中川宗弥画	童心社	1967	1979
1.2（表1.1）	★14	子どもに語るグリムの昔話 全6巻	グリム[著] 佐々梨代子・野村泫訳	こぐま社	1993	
1.2（表1.1）	★15	がんばれヘンリーくん　改訂新版	ベバリー・クリアリー作 ルイス・ダーリング絵 松岡享子訳	学研	1967	2007
1.2（表1.1）	★16	モモ	ミヒャエル・エンデ作 大島かおり訳	岩波書店	1976	2005
1.2（表1.1）	★17	冒険者たち　新版	斉藤惇夫作 薮内正幸絵	岩波書店	1982	2000
1.2（表1.1）	★18	カカ・ムラド～中村のおじさん	ガフワラ原作 さだまさし[ほか]訳・文	双葉社	2020	
1.2（表1.1）	★19	トムは真夜中の庭で　新版	フィリバ・ピアス作 高杉一郎訳	岩波書店	1967	2000
1.2（表1.1）	★20	西の魔女が死んだ	梨木香歩著	新潮社	1996	2001
1.2（表1.1）	★21	二年間の休暇　上・下	ジュール・ヴェルヌ作 朝倉剛訳 太田大八画	福音館書店	1968	2002
1.2（表1.1）	★22	赤毛のアン	ルーシー・モード・モンゴメリ著 村岡花子訳	新潮社	1952	2013
1.2（表1.1）	★23	ぼくはイエローでホワイトで、ちょっとブルー[1]	ブレイディみかこ著	新潮社	2019	
1.2（表1.1）	★24	きみの友だち	重松清著	新潮社	2005	2008
1.2（表1.1）	★25	友だち幻想:人と人のつながりを考える	菅野仁著	筑摩書房	2008	

節	番号	書　名(シリーズ名)	著　者	出版社	初版年	改版年
1.2（表1.1）	★26	ケーキの切れない非行少年たち	宮口幸治著	新潮社	2019	
1.5	★1	ももたろう	松居直文 赤羽末吉画	福音館書店	1965	1980
1.5	★2	三びきのやぎのがらがらどん（傑作絵本劇場）	マーシャ・ブラウンえ せたていじやく	福音館書店	1965	1989
1.5	★3	ひとまねこざる　改版	H.A.レイ文・絵 光吉夏弥訳	岩波書店	1954	1998
1.5	★4	いたずらきかんしゃちゅうちゅう	バージニア・リー・バートン文・絵 むらおかはなこ訳	福音館書店	1961	
1.5	★5	かわ（こどものとも絵本）	加古里子さく・え	福音館書店	1966	2018
1.5	★6	ちのはなし 改訂版	堀内誠一文・絵	福音館書店	1974	1989
1.5	★7	くだもの	平山 和子 さく	福音館書店	1981	
1.5	★8	どうぶつのおかあさん	小森厚文 薮内正幸絵	福音館書店	1981	
1.5	★9	ぶーぶーじどうしゃ	山本忠敬作	福音館書店	1998	
1.5	★10	いないいないばあ 改版	松谷みよ子ぶん 瀬川康男え	童心社	1967	1981
1.5	★11	こちょこちょこちょ	うちだりんたろう作 ながのひでこ絵	童心社	1996	
1.5	★12	じゃあじゃあびりびり　改訂2版	まついのりこ作・絵	偕成社	1983	2015
1.5	★13	やこうれっしゃ	西村繁男作	福音館書店	1983	2012
1.5	★14	はるにれ	姉崎 一馬 写真	福音館書店	1981	
1.5	★15	よるのびょういん	谷川俊太郎作 長野重一写真	福音館書店	1985	2022
1.5	★16	たまごのえほん	いしかわこうじ作・絵	童心社	2009	
1.5	★17	もこもこもこ	谷川俊太郎作 元永定正絵	文研出版	1977	
1.5	★18	ことばあそびうた	谷川俊太郎詩 瀬川康男絵	福音館書店	1973	1981
1.5	★19	ことばのあいうえお	五味太郎作	岩崎書店	1979	
1.5	★20	さよならさんかくまたきてしかく	松谷みよ子文 上野紀子え	偕成社	1979	
1.5	★21	はらぺこあおむし：点字つきさわる絵本	エリック・カールさく もりひさしやく	偕成社	2007	
1.5	★22	しろくまちゃんのほっとけーき(てんじつきさわるえほん)	わかやまけん[ほか]著	こぐま社	2009	
1.5	★23	さわってごらんだれのかお？(バリアフリーえほん1)	なかつかゆみこさく・え	岩崎書店	1999	
1.5（表1.2）	★24	ももいろのきりん	中川李枝子作 中川弥絵	福音館書店	1965	2001
1.5（表1.2）	★25	どれみふぁけろけろ	東君平作・絵	あかね書房	1981	
1.5（表1.2）	★26	エルマーのぼうけん 新版	ルース・スタイルス・ガネットさく ルース・クリスマン・ガネットえ わたなべしげおやく	福音館書店	1963	2010
1.5（表1.2）	★27	ぼくは王さま	寺村輝夫作 和田誠絵	理論社	1967	2000
1.5（表1.2）	★28	おともださにナリマ小	たかどのほうこ作 にしむらあつこ絵	フレーベル館	2005	

節	番号	書　　名(シリーズ名)	著　　者	出版社	初版年	改版年
1.5（表1.2）	★29	火のくつと風のサンダル	ウルズラ・ウェルフェル作 関楠生訳 久米宏一絵	童話館出版	1978	1997
1.5（表1.2）	★30	長くつ下のピッピ	アストリッド・リンドグレーン作 大塚勇三訳	岩波書店	1964	2000
1.5（表1.2）	★31	ライオンと魔女 新版（ナルニア国ものがたり1）	C.S.ルイス作 瀬田貞二訳	岩波書店	1966	2000
1.5（表1.2）	★32	ぼくのお姉さん	丘修三作 かみやしん絵	偕成社	1980	2002
1.5（表1.2）	★33	指輪物語１　最新版（指輪物語）	J・R・R・トールキン著 瀬田貞二・田中明子訳	評論社	1980	2022
1.5（表1.2）	★34	精霊の守り人（守り人シリーズ）	上橋菜穂子作 二木真希子絵	偕成社	1996	2006
1.5（表1.2）	★35	ベルリン1919　上・下	クラウス・コルドン作 酒寄進一訳	岩波書店	2006	2020
1.5（表1.2）	★36	穴	ルイス・サッカー作 幸田敦子訳	講談社	1999	
1.5（表1.3）	★37	世界を変えた科学者 全8巻	スティーヴ・パーカー著	岩波書店	1995	
1.5（表1.3）	★38	牧野富太郎：植物研究ひとすじに	松原秀行文 水上みのり画	あかね書房	2023	
1.5（表1.3）	★39	カタリン・カリコ：mRNAワクチンを生んだ科学者	増田ユリヤ著	ポプラ社	2023	
1.5（表1.3）	★40	アンネの日記　増補新訂版	アンネ・フランク著 深町眞理子訳	文芸春秋	1959	2023
1.5（表1.3）	★41	ある日戦争がはじまった：12歳のウクライナ少女イエバの日記	イエバ・スカリエツカ著 神原里枝訳	小学館クリエイティブ	2023	
1.5（表1.3）	★42	マララ：教育のために立ち上がり、世界を変えた少女	マララ・ユスフザイ著 パトリシア・マコーミック著 道傳愛子訳	岩崎書店	2014	
1.5（表1.3）	★43	３日の命を救われた犬ウルフ：殺処分の運命からアイドルになった白いハスキー	池田まき子作	ハート出版	2005	
1.5（表1.3）	★44	ヘスースとフランシスコ：エル・サルバトル内戦を生きぬいて	長倉洋海著	福音館書店	2002	
1.5（表1.3）	★45	君たちはどう生きるか	吉野源三郎著	マガジンハウス	2017	
1.5（表1.3）	★46	ソンジュの見た星：路上で生き抜いた少年	リ・ソンジュ著 スーザン・マクレランド著 野沢佳織訳	徳間書店	2019	
1.5	★47	おおきなかぶ（こどものとも絵本）	A・トルストイ 再話 内田莉莎子訳 佐藤忠良画	福音館書店	1966	2007
1.5	★48	しっぱいにかんぱい！（かんぱいシリーズ）	宮川ひろ作 小泉るみ子絵	童心社	2008	
1.5	★49	ぐりとぐら（ぐりとぐらの絵本）	中川李枝子さく 大村百合子え	福音館書店	1967	2007
1.5	★50	ツバメ号とアマゾン号　上・下	アーサー・ランサム作 神宮輝夫訳	岩波書店	1967	2010
2.1	★1	ピーターラビットのおはなし（ピーターラビットの絵本1）	ビクトリス・ポター作・絵 いしいももこ訳	福音館書店	1971	2019

節	番号	書　　名(シリーズ名)	著　　者	出版社	初版年	改版年
2.1	★2	しろくまちゃんのほっとけーき	わかやまけん[ほか]著	こぐま社	1963	1975
2.1	★3	マーシャとくま	M.ブラートフ再話 エウゲーニー・M・ラチョフ絵 うちだりさこ訳	福音館書店	1963	
2.1	★4	どろんこハリー	ジーン・ジオン文 マーガレット・ブロイ・グレアム絵 わたなべしげお訳	福音館書店	1964	
2.1	★5	ティッチ	パット・ハッチンス作・絵 いしいももこ訳	福音館書店	1975	
2.1	★6	まあちゃんのながいかみ（こどものとも絵本）	たかどのほうこ作	福音館書店	1995	2008
2.2	★1	こすずめのぼうけん（こどものとも絵本）	ルース・エインズワース作 石井桃子訳 堀内誠一絵	福音館書店	1977	2011
2.4（表2.4）	★1	つばさをもらったライオン	クリス・コノヴァー作 遠藤育枝訳	ほるぷ出版	2007	
2.4（表2.4）	★2	本のことがわかる本　全3巻	稲葉茂勝文	ミネルヴァ書房	2015	
2.4（表2.4）	★3	本について授業をはじめます	永江朗著	少年写真新聞社	2014	
2.4（表2.4）	★4	としょかんライオン	ミシェル・ヌードセン作 ケビン・ホークスえ 福本友美子やく	岩崎書店	2007	
2.4（表2.4）	★5	図書館に児童室ができた日：アン・キャロル・ムーアのものがたり	ジャン・ピンボロー文 デビー・アトウェル絵 張替恵子訳	徳間書店	2013	
2.4（表2.4）	★6	子どもの本で平和をつくる:イエラ・レップマンが目ざしたこと	キャシー・スティンソン文 マリー・ラフランス絵 さくまゆみこ訳	小学館	2021	
2.4（表2.4）	★7	図書館にいたユニコーン	マイケル・モーパーゴ作 ゲーリー・ブライズ絵 おびかゆうこ訳	徳間書店	2017	
2.4（表2.4）	★8	希望の図書館	リサ・クライン・ランサム作 松浦直美訳	ポプラ社	2019	
2.4（表2.4）	★9	本おじさんのまちかど図書館	マ・クリシュナズワミー作 長友恵子訳 川原瑞丸絵	フレーベル館	2022	
2.4（表2.4）	★10	夏休みに、ぼくが図書館で見つけたもの	濱野京子作 森川泉絵	あかね書房	2019	
2.4（表2.4）	★11	図書館へいこう！全３巻	赤木かん子文 すがわらけいこ絵	ポプラ社	2007	
2.4（表2.4）	★12	図書館たんけん　全３巻	国土社編集部編	国土社	2023	
2.4（表2.4）	★13	図書館のひみつ：本の分類から司書の仕事まで		PHP研究社	2016	
2.4（表2.4）	★14	図書館図鑑		金の星社	2021	
2.4（表2.4）	★15	ぐるぐるの図書室	工藤純子[ほか]著	講談社	2016	
2.4（表2.4）	★16	いこうよがっこうとしょかん 全４巻		少年写真新聞社	2019-2021	
2.4（表2.4）	★17	みんなで図書館活動この本おすすめします！全３巻	『この本おすすめします！』編集委員会編著	汐文社	2022	

節	番号	書　　名(シリーズ名)	著　　者	出版社	初版年	改版年
2.4（表2.4）	★18	シリーズ・変わる！学校図書館　全3巻		ミネルヴァ書房	2018	
2.4（表2.4）	★19	じりじりの移動図書館（ブックカー）	廣嶋玲子[ほか]著	講談社	2020	
2.4（表2.4）	★20	「走る図書館」が生まれた日：ミス・ティットコムとアメリカで最初の移動図書館車	シャーリー・グレン作 渋谷弘子訳	評論社	2019	
2.4（表2.4）	★21	図書館ラクダがやってくる：子どもたちに本をとどける世界の活動	マーグリート・ルアーズ著 斉藤規訳	さ・え・ら書房	2010	
2.4（表2.4）	★22	病院図書館の青と空	令丈ヒロ子著	講談社	2022	
2.7（表2.5）	★1	あたごの浦（こどものとも絵本）	脇和子・脇明子再話 大道あや画	福音館書店	1993	2009
2.7（表2.5）	★2	まさかりどんがさあたいへん	かこさとしさく・え	小峰書店	1996	
2.7（表2.5）	★3	ランパンパン	マギー・ダフさいわ ホセ・アルエゴえ アリアンヌ・ドウィえ 山口文生やく	評論社	1989	
2.7（表2.5）	★4	これはのみのぴこ	谷川俊太郎作 和田誠絵	サンリード	1979	
2.7（表2.5）	★5	あのね、わたしのたからものはね	ジャニス=メイ=ユードリイ作 エリノア=ミル絵 かわいともこ訳	偕成社	1983	
2.7（表2.5）	★6	あるかしら書店	ヨシタケシンスケ著	ポプラ社	2017	
2.7（表2.5）	★7	やまあらしぼうやのクリスマス	ジョセフ・スレイトぶん フェリシア・ボンドえ みやちとしこやく	グランまま社	1996	
2.7（表2.6）	★8	王さまと九人のきょうだい	君島久子訳 赤羽末吉絵	岩波書店	1969	1978
2.7（表2.6）	★9	くつなおしの店	アリスン・アトリー さく 松野正子やく こみねゆらえ	福音館書店	2000	
2.7（表2.6）	★10	まるいくに	せのおひさしさく ユノセイイチえ	大日本図書	1983	
2.7（表2.6）	★11	バレエをおどりたかった馬	H・ストルテンベルグ作 菱木晃子訳 さとうあや絵	福音館書店	1999	
2.7（表2.6）	★12	雪の森のリサベット	アストリッド・リンドグレーン作 イロン・ヴィークランド絵 石井登志子訳	徳間書店	2003	
2.7（表2.7）	★13	ネコのタクシー	南部和也さく さとうあやえ	福音館書店	2001	
2.7（表2.7）	★14	アンソニー：はまなす写真館の物語	茂市久美子作 黒井健絵	あかね書房	2001	
2.7（表2.7）	★15	おふろのなかからモンスター	ディック・キング=スミス作 金原瑞人訳 はたこうしろう絵	講談社	2000	
2.7（表2.7）	★16	魔法のスリッパ	ディック・キング=スミス作 三原泉訳 岡本颯子絵	あすなろ書房	2003	
2.7（表2.7）	★17	ハンカチの上の花畑	安房直子作 岩淵慶造絵	あかね書房	1973	1988

付録B

ブックトークシナリオ「本と図書館と〇〇と」

【 】内は動作や開くページです。

みなさん、こんにちは。

【テーマ「本と図書館と〇〇と」を黒板(ホワイトボード)に書いておく】

今から「本と図書館と〇〇と」というテーマでブックトークを行います。ブックトークのお約束ですが、手に何も持たないでいてくださいね。

【本は紹介するまで、見えないように伏せて置いておく】

1.『生麦生米生卵』

本というのは、そのほとんどが言葉からできていますね。

では、みんなで、声を出してみましょう。

「生麦・生米・生卵」じゃあ、ちょっと早く言ってみましょう。

もっと早く言ってみましょう。

【2～3回早く言う】

「となりの客はよく柿食う客だ」これも、早く言ってみましょう。

【2～3回早く言う】

「坊主が屏風に坊主の絵を上手に書いた」これは２つの言い方があり、「坊主が上手に屏風に坊主の絵を書いた」もありますが、最初の言い方、「坊主が屏風に坊主の絵を上手に書いた」で早く言ってみましょう。

【2～3回早く言う】

言える人と言えない人がいたようですが、練習すると言えるようになるので、やってみてください。

【表紙と紹介した早口言葉のpp.2-3,18-19,20-21などを開いて見せる】

これらの言葉は、この『生麦生米生卵』の本に載っています。

ぜひ、いろんな言葉に触れてみてくださいね。

【表紙が見えるように本を長机の端に立てて置く】

2.『こども世界の民話　上』

では、次は、言葉を早く言って、危機を逃れた人のお話をします。

【「ヤギとライオン」のストーリーテリング(約５分)】

【表紙とpp.6-14を見せる】

これは、この『こども世界の民話　上』の一番最初に載っています。

この「ヤギとライオン」のお話は、中央アメリカのトリニダード・ドバゴというところの昔話です。

【目次pp.2-5をめくって見せる】

このほかにも、このようにいろいろな国の昔話が載っています。

昔話の好きな人は、どうぞ読んでみてください。

このように覚えてみんなの前でやってみる…というのもいいかもしれませんね。

【表紙が見えるように本を長机の端に立て、1.の本の横に置く】

3.『魔女学校の一年生　上』

今紹介した本では怖い思いをしたヤギでしたが、知恵を働かせライオンから逃れました。

次は、同じように弱いものが強いものから知恵を働かせ逃れたお話です。

【表紙を見せる】

これが、この『魔女学校の一年生』です。

この本の主人公、ミルドレッド・ハブルは魔女学校の1年生。ミルドレッドはすぐに見つけることができます。

【表紙に載っているミルドレッドを指さす】

だって、このようにぼうしを後ろ前にかぶっているか、くつのひもをひきずっているからです。

ミルドレッドは、問題児で、入学して2日と経たず、ほうきに乗って壁に正面衝突し、ほうきはまっぷたつ、ぼうしはぺちゃんこというありさまでした。そして、補修したほうきに乗れるまで、何週間もかかりました。

ある日、それぞれの生徒に黒ネコが配られることになりました。

【裏表紙を見せる】

しかし、ミルドレッドに渡されたのは、裏の表紙に乗っているこのネコ、白い足のトラネコだったのです。

友だちのエセルは、先生がいなくなると、そんなミルドレッドに意地悪をしました。それで、ミルドレッドは、たまたま図書館で読んでいた「おまじない」の呪文を言って、エセルをかえるに変えることにしました。
【P32を見せる】
しかし、何を間違ったのか、このようなブタになってしまいました。
ドジなミルドレッドは、また図書館で本を調べ、30分かかって、やっと元に戻るおまじないを見つけることができました。
また、ミルドレッドは、薬を間違って調合したり、ハロウィンのときには、学校の名誉に関わる失敗をしたりしましたが、魔女学校を乗っ取る計画を立てていた集団に知恵を働かせて、あることをしたのです。
さて、どんなことをしたのか…。
気になる人は、最後まで読んでみてください。
この本は、ハリーポッターのヒントになったと言われる本で、全部で4巻あります。続きも面白いので、ぜひ読んでみてくださいね。
【表紙が見えるように本を長机の端に立て、2.の本の横に置く】

4.『ありがとう、フォルカーせんせい』
今紹介した本では図書館の呪文で、危機から逃れたお話でしたが、これは、文字が読めるからできました。
でも、文字が読める人ばかりではなく、読めない子がいました。
【表紙を見せる】
それが、この本『ありがとう、フォルカーせんせい』に出てくる、トルシャという女の子です。
【時間があれば読み聞かせする。ない場合は、以下のように説明する】
【pp.4-5を開く】
トルシャは、このように5才のとき、おじいさんに本の上にハチミツをたらして、なめるという家族の儀式を行ってもらいました。
「そう、ハチミツはあまーい。本もあまーい。よめばよむほどあまくなる！」と言って…。
ついに本を読む日が来たのです。
【pp.8-9を開く】
でも、トルシャは、1年生になっても、字がくねくねした形にしかみえません。

読めるふりをしていたので、誰も気づきませんでした。
【pp.16-17を開く】
ある日、トルシャはカリフォルニアに引っ越しました。
【pp.20-21を開く】
5年生になって、新しい先生・フォルカー先生が来ました。
フォルカー先生は、トルシャの異常…字が読めないことに気づきました。
それから、フォルカー先生と国語の先生とで、毎日一緒に字・言葉・文を読む練習をしていきました。
【pp.34-35を開く】
何か月か経ち、ある日トルシャは、本を読めるようになります。
そして、大人になって、この本『ありがとう、フォルカーせんせい』を書いたんです。
【再び表紙を見せ、著者（作・絵）のところを指さす。】
そうトルシャは、この本を書いたパトリシア・ポラッコです。フォルカー先生との出会いのおかげで、本を読めるようになったのです。
そんなトルシャの文字が読めない苦しみや、本が読めるようになった喜びが書かれているこの絵本もよかったら読んでくださいね。
【表紙が見えるように本を長机の端に立て、3.の本の横に置く】

5.『本のれきし5000年』

それでは、本というものは、いつ生まれたのでしょう。
【表紙を見せる】
それが、わかるのが、この『本のれきし5000年』です。
本というのは、このように紙に何かを印刷して綴じたもの、と言えそうですが、大昔紙がなかったころ、何に書かれていたでしょう？わかるかな？
【p.7を見せる】
5000年前、本はこのようにパピルスでできていました。
エジプトのナイル川のほとりに茂るパピルス草の茎で作られました。
【pp.8-9を見せる】
そして、このように「ヒエログリフ」という象形文字で書かれていました。
【pp.10-11を見せる】

メソポタミアでは、草ではなくこのような、粘土の板に、このような絵文字「楔形文字」を書いていました。

【pp.20-21を見せる】

また、中国では、このように亀の甲などに「甲骨文字」が書かれていたのですが、それから木や竹に書かれるようになりました。

【p.33を見せる】

それから、紙が発明され、このグーテンベルグという人が印刷技術を発明し、本ができるようになったのです。そんな、本の歴史がわかるのが、この『本のれきし5000年』です。

【表紙が見えるように本を長机の端に立て、4.の本の横に置く】

6.『本と図書館の歴史：ラクダの移動図書館から電子図書館まで』

同じくらい大昔から、記録を保管して分類する方法を考え出し、他の人が簡単に利用できるようにしたり、後世のために保存したりしてきました。これが図書館の始まりです。

【表紙を見せる】

そんな本と図書館の歴史がわかるのが、この本『本と図書館の歴史：ラクダの移動図書館から電子図書館まで』です。

【pp.10-15あたりをめくって見せる】

この本は、このように字がいっぱいで、5年生のみなさんにはちょっと難しいかもしれませんが、白い部分は、図書館の歴史がわかり、色がついている部分は、それぞれのミニ知識が書かれています。白い部分だけ読んでも、色がついている部分だけ読んでも、どちらでもよいです。

ぜひ、興味がある人は読んでみてください。

【表紙が見えるように本を長机の端に立て、5.の本の横に置く】

7.『図書館のすべてがわかる本1:図書館のはじまり・うつりかわり』

さらに、もっと図書館のことを詳しく知りたい人には、この本、『図書館のすべてがわかる本1』をおすすめします。

【表紙を見せる】

図書館のことを英語で何というか知っていますか？

そう、ライブラリーですよね。
【pp.6-7を見せる】
ここには、図書館という言葉をドイツ語ではビブリオテック、フランス語ではビブリヨテック、イタリア語ではビブリオテーカと言い、いずれも語源が、リベルとビブロスで文字を書き記すものという意味から来ていることが書かれています。つまり、図書館の歴史は文字の歴史なのです。
【pp.40-41を見せる】
また、このようにみなさんが使う学校図書館の今と昔の様子も載っています。この本のシリーズは、全部で4巻ありまので、2～4巻もよかったら見てください。
【表紙が見えるように本を長机の端に立て、6.の本の横に置く】

8.『つづきの図書館』

子どもの本は1年で約3000～4000冊出版されるほど、たくさんありますが、その中で、絵本や読み物はたくさん出版されています。そして、その本の数だけ主人公がいます。
私たちは、本を読むことでたくさんの主人公に出会えますが、主人公もたくさんの人が借りてくれることで、たくさんの人に出会える…。そんなこと、気になりませんか？
【表紙を見せる】
そんな人には、この『つづきの図書館』という本を紹介します。
【pp.234-235見せる】
この本の主人公「山神桃」さんは、ふるさとの四方山市に戻ってくることになりました。うるさいおばさんが、就職先に紹介したのは図書館で、館長がいじわるなのか、3人の司書が3か月の間にやめていました。
桃さんが、勤務初日に本を抱えて2階に上がると、人の気配がし、「つづきが知りたい」という声がしました。
【p.18を見せる】
それは、このような「はだかの王さま」でした。実は、その「つづきが知りたい」という声が怖くて、3人もの司書がやめていたのです。その続きとは、「青田早苗」さんという人のその後が知りたいとのこと。しかし、利用者カードを調べても、わかりませんでした。
【p.31を見せる】
その後、おばさんの病院に行くと、赤い古ぼけた絵本の表紙に挟まってこのように「はだかの王さま」が出て来て、大騒ぎになります。それから、いろいろ調べて、青田早苗さんは、どうしていたのかわかったのですが、「はだかの王さま」は、桃さんのところに入り浸るようになります。
【目次を見せる】
「つづきが知りたいと」と表れたのは、「はだかの王さま」だけでなく、この目次に載っているように、狼・あまのじゃく・幽霊・魔女なども表れて…。この本は、それぞれの登場人物ごとの短編としても読めますし、続きものとして読んでも読み応えがあるお話です。
さて、最終的にはだかの王さまは本に戻れたのでしょうか…。
それは、この本を最後まで読むとわかりますよ。
【表紙が見えるように本を長机の端に立て、7.の本の横に置く】
【机の上の本を紹介順に指しながら…】
今日は、『生麦生米生卵』、『こども世界の民話　上』から「ヤギとライオン」、『魔女学校の1年生』、『ありがとう、フォルカーせんせい』、『本のれきし5000年』、『本と図書館の歴史－ラクダの移動図書館から電子書籍まで－』、『図書館のすべてがわかる本』、『つづきの図書館』を紹介しました。テーマについて、最初に『本と図書館と○○と』というふうに言いましたが、みなさんだったら○○に何を入れますか？
【子どもたちに聞いてみる】
そう、「友だち」もいいですね。
私は、「言葉」って入れてみました。本は言葉からできていますものね。
みなさんもどんなテーマだったらいいか考えてみてくださいね。
このブックトークをするのは、少し大変ですが、参考までにポイントを言っておくと、いろんな本を選ぶということです。
【机の上の本を指しながら…】
このように、言葉の絵本（1.）→昔話（2.）→外国の児童文学（3.）→社会的な課題をもった絵本（4.）→知識の本を3冊（5.6.7.）→日本の児童文学といったふうに一つのテーマでさまざまな種類の本を入れました。

今回は、ちょっと欲張って8冊も紹介しましたが、普段は時間に合わせて4、5冊でいいかと思います。

【ブックトークリストの紙を見せる】

これらの本は、このようにリストにしていますので、後で配ってもらいますね。

しばらく、ここに本は置いておきますので、よかったら手に取ってみてください。また、リストを見て、学校図書館か○○図書館(公共図書館)で借りて読んでみてくださいね。

参考文献

まえがき

[1] 国際図書館連盟児童・ヤングアダルト図書館分科会 キャロリン・ランキン 日本図書館協会児童青少年委員会訳『IFLA 児童図書館サービスのためのガイドライン０歳から 18 歳　改訂版』2020，日本図書館協会.

第１章

1.1

[1] 国際図書館連盟児童・ヤングアダルト図書館分科会 キャロリン・ランキン 日本図書館協会児童青少年委員会訳『IFLA 児童図書館サービスのためのガイドライン０歳から 18 歳　改訂版』2020，日本図書館協会.

[2] 日本図書館情報学会用語辞典編集委員会編『図書館情報学用語辞典第５版』2020，丸善出版，p.96.

[3] 図書館情報学ハンドブック編集委員会編『図書館情報学ハンドブック第２版』1999，丸善出版, p.840.

[4] 公益財団法人 日本ユニセフ協会「子どもの権利条約（児童の権利に関する条約）」
https://www.unicef.or.jp/about_unicef/about_rig_all.html（2024.5.24 参照）

[5] 公益社団法人 全国学校図書館協議会「学校読書調査」の結果
https://www.j-sla.or.jp/material/research/dokusyotyousa.html（2024.5.24 参照）

[6] 文部科学省「令和４年度　子供の読書活動の推進等に関する調査研究 電子図書館・電子書籍と子供の読書活動推進に関する実態調査」
https://www.mext.go.jp/content/20230607-mxt_chisui02-000008064_1.pdf（2024.5.24

参照）

1.2

[1] 松岡享子著『サンタクロースの部屋：子どもと本をめぐって　改訂新版』2015，こぐま社，pp.69-70.

[2] 日本図書館情報学会編『図書館情報学事典』2023，丸善出版，p.295.

[3] 朝比奈大作・米谷茂則著『読書と豊かな人間性　新版』2015，放送大学教育振興会，pp.26-45.

[4] 読書教育研究会編著『読書教育通論：児童生徒の読書活動』1995，学芸図書，p.46.

[5] 堀川照代編著『児童サービス論 新訂版』（JLA図書館情報学テキストシリーズIII 6）2020，日本図書館協会，p.12.

[6] 日本図書館協会「IFLA乳幼児への図書館サービスガイドライン」2009，p.11-12.
https://repository.ifla.org/bitstream/123456789/584/1/ifla-professional-reports-nr-100-jp.pdf（2024.5.24参照）

[7] 日本図書館協会「IFLAヤングアダルトへの図書館サービスガイドライン2008年」2008，p.9-10
https://repository.ifla.org/bitstream/123456789/614/1/ifla-guidelines-for-lib-services-for-young-adults-ja.pdf（2024.5.24参照）

1.3

[1] 西巻悦子著『児童サービスの基礎：子どもと本をつなぐために』2022, 近代科学社 Digital, pp.27-310.

[2] 汐﨑順子編『子どもの読書を考える事典』2023, 朝倉書店, pp. 31-32, 37-38, 234-235, 266-267, 284-285, 400-421.

[3] 山口県立山口図書館編.『山口県立山口図書館 100 年のあゆみ』2004, 山口県立山口図書館, pp.8-9.

[4] 安藤友張「明治・大正期における沖縄県立沖縄図書館、及び同館長伊波普猷の事績」,『教育研究』17 巻, 2010, pp.7.

[5] 齋木喜美子「明治期沖縄の教育状況と児童文化に関する研究」,『日本教育方法学会紀要「教育方法学研究」』, 第 27 巻, 2001, pp.46.

[6] 岩井千華「わが国の公共図書館における 1960 年代以降の＜文化活動＞の成立と普及に関する研究」, 2021, pp33-35.

[7] 今まど子「県立図書館の ACC 文庫をめぐって」,『郷土神奈川』,51 号, 2013, pp.48.

[8] 小林卓「図書館とこどもたち：ある市立図書館の児童奉仕：日野市立図書館の初期の活動について.『映像でみる戦後日本図書館のあゆみ：『格子なき図書館』と『図書館と子どもたち』解説』, 2014, 日本図書館協会, pp37-49.

[9] 日本図書館協会『市民の図書館 増補版』1976, 日本図書館協会, pp.84-93.

[10] 国立国会図書館国際子ども図書館「使命・役割」
https://www.kodomo.go.jp/about/profile.html（2024.5.24 参照）

[11] 日本図書館情報学会編『図書館情報学事典』2023, 丸善出版, pp.518-519.

[12] 文部科学省, 第五次「子どもの読書活動の推進に関する基本的な計画」について（令和 5 年 3 月 28 日通知）
https://www.mext.go.jp/b_menu/hakusho/nc/mext_00072.html（2024.5.24 参照）

[13] 文部科学省，第６次「学校図書館図書整備等５か年計画」（令和４年１月 24 日）
https://www.mext.go.jp/a_menu/shotou/dokusho/link/mext_01751.html（2024.5.24 参照）

[14] 文部科学省，GIGA スクール構想の実現へ
https://www.mext.go.jp/content/20200625-mxt_syoto01-000003278_1.pdf（2024.5.24 参照）

[15] 伊香左和子，塚原編著『児童サービス論：地域とつながる公共図書館の役割』（講座・図書館情報学 7）2023, ミネルヴァ書房, pp.225-238.

[16] 日置将之「読書条例制定の動きについて」,『カレントアウェアネス』No.323 ,2015. pp.2-4.
https://current.ndl.go.jp/ca1840（2024.5.24 参照）

[17] 一般社団法人地方自治研究機構『読書に関する条例（令和５年５月４日更新）』
http://www.rilg.or.jp/htdocs/img/reiki/032_reading.htm（2024.5.24 参照）

[18] 2004年3月29日条例第8号『高千穂町家族読書条例』
https://www.town-takachiho.jp/section/reiki_int/reiki_honbun/q643RG00000239.html
(2024.5.24参照)

[19] 2013年4月1日施行『恵庭市人とまちを育む読書条例』
https://www.city.eniwa.hokkaido.jp/material/files/group/51/dokusyozyorei.pdf (2024.5.24参照)

[20] 地方自治研究機構令和元年度調査研究報告書「図書館を活用した新たな地域コミュニティの在り方に関する調査研究」2020, p116-120.
http://www.rilg.or.jp/htdocs/img/004/pdf/r1/R1_12.pdf (2024.5.24参照)

[21] 高橋樹一郎編著『子ども文庫の100年：子どもと本をつなぐ人びと』2018, みすず書房, pp.3-22.

1.4

[1] 汐﨑順子編『子どもの読書を考える事典』2023, 朝倉書店, pp.294-295, 275, 358-359, 364-367.

[2] 日本図書館情報学会用語辞典編集委員会編『図書館情報学用語辞典 第5版』2020, 丸善出版, pp.221-222.

[3] 伊香左和子，塚原博編著『児童サービス論：地域とつながる公共図書館の役割』(講座・図書館情報学7) 2023, ミネルヴァ書房, pp.192-193.

[4] 日本図書館協会編『図書館年鑑』；図書館等による発行資料. 図書館概況：記録でみる図書館概況（各図書館の動き）日本図書館協会, 2023, pp.207-208 ；2022 pp.211-212；2021 pp.183-184.

[5] 愛媛県立図書館,「子どもと楽しむ絵本の時間：3・4・5歳児と一緒に読みたい絵本」
https://lib.ehimetosyokan.jp/wysiwyg/file/download/1/165（2024.5.24 参照）

[6] 鎌倉市図書館公式 X（旧 Twitter）2015 年 8 月 6 日のポスト
https://twitter.com/kamakura_tosyok/status/636329967668695040?s=20（2024.5.24 参照）

[7] 文部科学省,「社会教育の裾野の広がりと社会教育人材に求められている役割について」令和 5 年 5 月 26 日, p.30.
https://www.mext.go.jp/content/230526-mxt_chisui01-000029998_5.pdf（2024.5.24 参照）

[8]「IFLA − UNESCO 公共図書館宣言 2022」
https://www.jla.or.jp/library/gudeline/tabid/1018/Default.aspx（2024.5.24 参照）

[9] 国際図書館連盟児童・ヤングアダルト図書館分科会作成編『IFLA 児童サービスのためのガ

イドライン：0歳から18歳 改訂版』2020, 日本図書館協会, pp.12-13.
https://www.ifla.org/wp-content/uploads/2019/05/assets/libraries-for-children-and-ya/publications/ifla-guidelines-for-library-services-to-children_aged-0-18-ja.pdf（2024.5.24参照）

[10] 今まど子，小山憲司編著『図書館情報学基礎資料 第4版』2022, 樹村房, pp.18-19.

[11] 文部科学省，3.図書館に関する科目の各科目の考え方
https://www.mext.go.jp/a_menu/shougai/tosho/shiryo/08102004/002/003.htm
（2024.5.24参照）

[12] 文部科学省，「司書資格取得のために大学において履修すべき図書館に関する科目一覧」2009.
https://www.mext.go.jp/component/a_menu/education/detail/__icsFiles/afieldfile/2009/05/13/1266312_8.pdf（2024.5.24参照）

[13] 日本図書館協会「児童青少年委員会」
https://www.jla.or.jp/committees/jidou/tabid/275/Default.aspx（2024.5.27参照）

[14] 日本図書館協会「公共図書館部会」
https://www.jla.or.jp/divisions/koukyo/tabid/272/Default.aspx（2024.5.27 参照）

[15] 国立国会図書館国際子ども図書館
https://www.kodomo.go.jp/（2024.5.27 参照）

[16] 公益財団法人東京子ども図書館
https://www.tcl.or.jp/（2024.5.27 参照）

[17] 国立国会図書館国際子ども図書館編『児童サービス研修のいまとこれから』（国際子ども図書館調査研究シリーズ No.1） 2011, 国立国会図書館国際子ども図書館, pp.40-51, 65-66.

[18] 児童図書館研究会
https://www.jitoken.jp/（2024.5.27 参照）

[19] 金沢みどり，柳勝文編『児童サービス論 第 3 版』（ライブラリー図書館情報学 7） 2022, 学文社, pp.102-104.

[20] 国立青少年教育振興機構「絵本専門士」

https://www.niye.go.jp/services/ehon.html（2024.5.27 参照）

[21] 別府大学短期大学部初等教育科「大分県で初めて！認定絵本士養成講座案内」2024，学校法人別府大学入試広報課.

1.5

[1] 吉井潤著『事例で学ぶ図書館情報資源概論（事例で学ぶ図書館 3）』2023，青弓社，p.17.

[2] 小河内芳子著『児童図書館と私：どくしょのよろこびを　上』1981，日外アソシエーツ，p.196.

[3] 東京子ども図書館編『絵本の庭へ（児童図書館基本蔵書目録 1）』2012，東京子ども図書館.

[4] 東京子ども図書館編『物語の森へ（児童図書館基本蔵書目録 2）』2017，東京子ども図書館.

[5] 東京子ども図書館編『知識の海へ（児童図書館基本蔵書目録 2）』2022，東京子ども図書館.

[6] 東京子ども図書館編『今、この本を子どもの手に』2015，東京子ども図書館.

[7] 堀川照代編著『児童サービス論 新訂版』（JLA 図書館情報学テキストシリーズIII 6）2020，日本図書館協会，pp.36-69，84-88.

[8] 絵本専門士委員会課程認定部会認定絵本士養成講座テキスト作成ワーキンググループ編『認定絵本士養成講座テキスト』2020，絵本専門士委員会 独立行政法人国立青少年教育振興機構，pp.25-26.

[9] 生田美秋 [ほか] 編著『ベーシック絵本入門』2013，ミネルヴァ書房，pp.13-21, 46-80, 89-92, 96-99, 104-107, 112-115.

[10] 川勝泰介編著『よくわかる児童文化』2020，ミネルヴァ書房，p.100.

[11] 金沢みどり・柳勝文著『児童サービス論　第 3 版（ライブラリー図書館情報学 7）』2022，学文社，pp.42-48,76.

[12] 稲田浩二・稲田和子編『日本昔話ハンドブック　新版』2010，三省堂，p.11.

[13] グリム兄弟編，小沢俊夫訳『完訳グリム童話：子どもと家庭のメルヒェン集』1985，ぎょ

うせい.

[14] 日本図書館協会児童青少年委員会・児童図書館サービス編集委員会編『児童図書館サービス 2：児童資料・資料組織論（JLA 図書館実践シリーズ：19）』日本図書館協会，2011 pp.12-16,296-298.

[15] 赤星隆子・荒井督子編著『児童サービス論　新装版』2010，理論社，p.83.

[16] 総務省統計局「日本の統計」2024 総務省統計局 HP 第 26 章 26-5　書籍新刊点数と平均価格
https://www.stat.go.jp/data/nihon/26.html（2024.5.27 参照）

[17] 親子読書地域文庫全国連絡会編『子どもと読書　2024 年 3・4 月号（464 号）』2024，親子読書地域文庫全国連絡会，p.27.

[18] 国立国会図書館サーチ リサーチ・ナビ「外国の児童図書賞を調べる」
https://rnavi.ndl.go.jp/jp/children/post_807.html（2024.5.27 参照）

[19] 国立国会図書館サーチ リサーチ・ナビ「日本の児童文学賞受賞作品を調べるには」
https://rnavi.ndl.go.jp/jp/children/post_229.html#1（2024.5.27 参照）

[20] 公益社団法人全国学校図書館協議会「学校図書館メディア基準」2021 年 4 月 1 日改訂.
https://www.j-sla.or.jp/pdfs/20210401mediakijun.pdf（2024.6.4 参照）

[21] 調布市立図書館「児童資料収集等に関する方針」p.2-3.
https://www.lib.city.chofu.tokyo.jp/contents;jsessionid=C7E522D55156EE7AA3AA254DA7C8444A?0&pid=5340（2024.6.4 参照）

[22] 福岡県立図書館企画協力課(子ども図書館)編『子どもに本を手渡すために：おはなし会の手引き　改訂版』2013，子ども読書推進ボランティア支援事業実行委員会，p.2.

[23] 全国学校図書館協議会「全国学校図書館協議会図書選定基準　改訂版」2008.
https://www.j-sla.or.jp/material/kijun/post-34.html（2024.5.27 参照）

[24] 全国学校図書館協議会「学校図書館図書廃棄規準　改訂版」2021.
https://www.j-sla.or.jp/pdfs/20211201haikikijun.pdf（2024.5.27 参照）

[25]「平成26年度子ども読書連携フォーラム　事前アンケート集計」「同　知識の本選書ツールリスト」」pp.7-14.
https://www.kodomo.go.jp/study/forum2/pdf/2-2_questionnaire.pdf（2024.5.27 参照）

[26] 小田孝子「子どものころの絵本の読書傾向について-司書講習受講生を対象に-」『JUNTO CLUB』no.17, pp.6-11, 2023.

[27] 加藤ひろの「子どものための選書を目指す-知的自由を持ち権利と意思を持つ子どもたちへ-」図書館界, 63 (2), 173-174, 2011.

第２章

2.1

[1] 日本図書館情 報学会用語辞典編集委員会編『図書館情報学用語辞典　第５版』丸善出版, 2020, p.249.

[2] 文部科学省「絵本で子育てを楽しく」, p.10.
https://www.kodomodokusyo.go.jp/yomikikase/pdf/fullset.pdf（2024.5.27 参照）

[3] 西巻悦子著『児童サービスの基礎：子どもと本をつなぐために』2022, 近代科学社, pp.55-58.

[4]「ブックスタートとは」,『NPO ブックスタート』.
https://www.bookstart.or.jp/bookstart/（2024.5.27 参照）

[5] NPO ブックスタート「[開催報告] ブックスタート発案者ウェンディ・クーリングさん『すべての赤ちゃんに絵本を』／講演会」
https://www.bookstart.or.jp/1083/（2024.5.27 参照）

[6] 堀川照代編著『児童サービス論 新訂版』（JLA 図書館情報学テキストシリーズⅢ 6）2020，日本図書館協会，p.173-176.

[7] 汐﨑順子編『子どもの読書を考える事典』2023，朝倉書店，pp.300-301.

[8] 落合美知子著『乳幼児おはなし会とわらべうた』児童図書館研究会，2017.

[9] 東京都立多摩図書館編『乳幼児おはなし会ハンドブック』東京都立多摩図書館，2020.
https://www.library.metro.tokyo.lg.jp/uploads/nyuyojihandbook.pdf（2024.5.27 参照）

[10] 東京子ども図書館編『よみきかせのきほん：保育園・幼稚園・学校での実践ガイド』2018，東京子ども図書館.

[11] 松岡享子著『えほんのせかい こどものせかい』1987，日本エディタースクール出版部.

[12] 金沢みどり・柳勝文著『児童サービス論　第 3 版（ライブラリー図書館情報学 7）』2022，学文社，pp.145-147.

[13] この本読んで編集部編『おはなし会プログラム：季節別年齢別厳選プログラム 116 本収録　PART1』2008，NPO サポート，p.5.

[14] 府中市立図書館「読み聞かせに向く絵本のリスト」
https://library.city.fuchu.tokyo.jp/service/pdf/34_yomikikase_ehon.pdf（2024.5.27 参照）

[15] ドロシー・バトラー著　百々佑利子訳『クシュラの奇跡―140 冊の絵本との日々』1984，のら書店.

[16] 文部科学省「平成30年度 子供の読書活動の推進等に関する調査研究 報告書」2019, pp.89-90.
https://www.mext.go.jp/content/20210610-mxt_chisui02-000008064_3001.pdf（2024.5.27参照）

[17] 荒巻美佐子「読み聞かせの実態と言葉の発達―幼児期から小学生の家庭教育調査」（ベネッセ教育研究所『これからの幼児教育』2019春号 pp.18-21.）
https://berd.benesse.jp/up_images/magazine/KORE_2019_spring_data.pdf（2024.5.27参照）

2.2

[1] 赤星隆子・荒井督子編著『児童図書館サービス論　新装版』2010，理想社，pp.188-193.

[2] 山梨県立図書館「ストーリーテリング 実践のコツ」pp.2-3, 4-10.
https://www.lib.pref.yamanashi.jp/storytelling.pdf（2024.5.27参照）

※ 2024.11にHP変更予定です。「山梨県立図書館ホームページ>子ども読書支援センター」のページに掲載されています。

[3] 宮川ひろ作，永田治子絵『文字のない絵本』2003，ポプラ社.

[4] エリン・グリーン著，芦田悦子[ほか]訳『ストーリーテリング　その心と技』2009，こぐま社，p80.

[5] ユーラリー・S・ロス著，山本まつよ訳『ストーリーテリングについて』（ストーリーテリングシリーズ①）1985，子ども文庫の会，pp.5-17.

[6] 福岡県立図書館企画協力課（子ども図書館）編『子どもに本を手渡すために：おはなし会の手引き 改訂版』2013, 子ども読書推進ボランティア実行委員会　福岡県立図書館，pp.9-12.

[7] 府中市立図書館「読み聞かせに向く物語のリスト」
https://library.city.fuchu.tokyo.jp/service/pdf/33_yomikikase_monogatari.pdf（2024.6.4参照）

[8] 福岡県立図書館「子どもと読書」研修会研究講座編「おはなし会のとびら：初心者のためのブックリスト」p.35-41.
https://www2.lib.pref.fukuoka.jp/wysiwyg/file/download/1/2152（2024.7.26参照）

2.3

[1] この本読んで編集部編『おはなし会プログラム：季節別年齢別厳選プログラム116本収録　PART1』2008，NPO読書サポート.

[2] この本読んで編集部編『おはなし会プログラム：季節別年齢別厳選プログラム131本収録　PART2』2014，NPO読書サポート.

[3] 福岡県立図書館企画協力課(子ども図書館)編『子どもに本を手渡すために：おはなし会の手引き　改訂版』2013，子ども読書推進ボランティア支援事業実行委員会，pp.13-19.

[4] 堀川照代編著『児童サービス論 新訂版』（JLA図書館情報学テキストシリーズIII 6）2020，日本図書館協会，pp.167-169.

[5] 荒木文子脚本 夏目尚吾絵『にんじんさんだいこんさんごぼうさん（にんじんだいこんごぼう号）』1999，アイ企画.

[6] 藤田浩子編著『おはなしおばさんの小道具（シリーズつくってあそんで 7）』1996，一声社.

[7] 藤田浩子編著『おはなしおばさんの小道具　続（シリーズつくってあそんで 10）』1998，一声社.

[8] 国際子ども図書館 HP「おはなし会の進め方」
https://www.kodomo.go.jp/promote/activity/storytelling/conduct.html（2024.5.27 参照）

[9] 一般社団法人日本書籍出版協会「読み聞かせ著作権」
https://www.jbpa.or.jp/guideline/readto.html（2024.5.27 参照）

[10] 日本書籍出版協会「読み聞かせ団体等による著作物の利用について」2017.
https://www.jbpa.or.jp/pdf/guideline/all.pdf（2024.5.27 参照）

[11] 日本書籍出版協会「著作物利用許可申請書」2017.
https://www.jbpa.or.jp/pdf/guideline/p4.pdf（2024.5.27 参照）

[12] 望月道浩・平井歩実編著『児童サービス論（ベーシック司書講座・図書館の基礎と展望 7）』2018，学文社，p.107.

2.4

[1] 東京子ども図書館編『ブックトークのきほん：21の事例つき』2016，東京子ども図書館，pp.5-12.

[2] 望月道浩・平井歩実編著『児童サービス論（ベーシック司書講座・図書館の基礎と展望 7）』2018，学文社，pp.40-45.

[3] 山梨県立図書館「ブックトーク 実践のコツ＆本の選び方」
https://www.lib.pref.yamanashi.jp/jitugigaido%20booktalk.pdf（2024.5.27 参照）

※ 2024.11にHP変更予定です。「山梨県立図書館ホームページ＞子ども読書支援センター」のページに掲載されています。

[4] 山梨県立図書館「ブックトークシナリオ」
https://www.lib.pref.yamanashi.jp/kodomo_shien/program.html（2024.5.27 参照）

※ 2024.11にHP変更予定です。「山梨県立図書館ホームページ＞子ども読書支援センター」のページに掲載されています。

2.5

[1] 笹倉剛著『物語を一人称で語るビブリオトーク』2022，あいり出版，p.2.

[2] 笹倉剛著『グループでもできるビブリオトーク』2015，あいり出版，pp.11-20.

[3] 笹倉剛著『「岩波少年文庫」のビブリオトーク』2016，あいり出版，pp.2-7.

[4] 笹倉剛著『テーマ別のビブリオトーク』2016，あいり出版.

2.6

[1] 谷口忠大著『ビブリオバトル：本を知り人を知る書評ゲーム』文藝春秋，2013, pp.104-120.

[2] ビブリオバトル普及委員会「知的書評合戦ビブリオバトル公式サイト」
https://www.bibliobattle.jp/（2024.5.27 参照）

[3] ビブリオバトル普及委員会「知的書評合戦ビブリオバトル公式サイト：公式ルール」
https://www.bibliobattle.jp/rules（2024.5.27 参照）

[4] ビブリオバトル普及委員会「知的書評合戦ビブリオバトル公式サイト：ビブリオバトルの機能」
https://www.bibliobattle.jp/information/function（2024.5.27 参照）

2.7

[1] モンセラット・サルト著，佐藤美智代・青柳啓子訳『読書で遊ぼうアニマシオン：本が大好きになる 25 のゲーム』1997，柏書房.

[2] M.M. サルト著『読書へのアニマシオン：75 の作戦』2001，柏書房.

[3] 黒木秀子・鈴木淑博著『子どもと楽しく遊ぼう 読書へのアニマシオン：おすすめ事例と指導のコツ　第 5 版』2007，学事出版.

[4] 黒木秀子著『みんなで楽しむ読書へのアニマシオン』2010 学事出版.

[5] 黒木秀子事務所「アニマシオン図書」
http://kuroki-hideko.net/tosho/（2024.5.27 参照）

[6] 板橋区立氷川図書館「☆11月19日(日)アニマシオンを終えて☆」
https://itabashi-lib-hikawa.jp/%E2%98%8611%E6%9C%8819%E6%97%A5%E6%97%A5%E3%82%A2%E3%83%8B%E3%83%9E%E3%82%B7%E3%82%AA%E3%83%B3%E3%82%92%E7%B5%82%E3%81%88%E3%81%A6%E2%98%86/（2024.5.27参照）

[7] 本宮市立しらさわ夢図書館「アニマシオン」
https://yume-lib.city.motomiya.lg.jp/project.html（2024.6.4参照）

[8] 甲州市立図書館「読書へのアニマシオン」
https://www.lib-koshu.jp/animacion/（参照2024.6.4参照）

[9] 黒木秀子事務所「定例勉強会」
http://kuroki-hideko.net/studymeeting/（2024.5.27参照）

[10] 小田孝子「“読書へのアニマシオン” の効果とその取組について」『図書館学』(103), 1-11, 2013-09，西日本図書館学会.

2.8

[1] 金沢みどり・柳勝文著　『児童サービス論　第3版（ライブラリー図書館情報学7）』2022，学文社，pp.86-91.

[2] 堀川照代編著『児童サービス論 新訂版』（JLA図書館情報学テキストシリーズIII 6）2020，日本図書館協会，pp.112-115.

[3] 本田彰著『学校図書館ディスプレイ&ブックトーク　1〜4』2017-2018，国土社.

[4] 大阪府立中央図書館「POPを作ってみませんか？」
https://www.library.pref.osaka.jp/site/ya/pophowto.html（2024.5.27参照）

[5]『この本、おすすめします！』編集委員会編著『POPを作ろう！（みんなで図書館活動 この本、おすすめします！1)』2022，汐文社.

[6] 齊藤誠一著『学校図書館で役立つレファレンステクニック：調べる面白さ・楽しさを伝えるために（シリーズ学校図書館)』少年写真新聞社，2018.

[7] ポプラ社全国学校図書館POPコンテスト
https://www.poplar.co.jp/schoolLibrary/pop-contest/（2024.5.27参照）

[8]「本のPOPや帯を作ろう」編集室編『本のPOPをつくろう！：読書を楽しむ（帯・POP作りのスゴ技)』2024，理論社.

2.9

[1] 汐﨑順子編『子どもの読書を考える事典』2023，朝倉書店，pp.334-335, 346-347.

[2] 堀川照代編著『児童サービス論 新訂版』（JLA 図書館情報学テキストシリーズIII 6）2020，日本図書館協会，p.109, 113.

[3] 望月道浩・平井歩実編著『児童サービス論（ベーシック司書講座・図書館の基礎と展望 7）』2018，学文社，pp.29-30, 54.

[4] 県立長野図書館「信州・学び創造ラボ」
https://www.knowledge.pref.nagano.lg.jp/guidance/atsumaritai/manabilabo.html
（2024.5.27 参照）

[5] 日野市立図書館「日野ヤングスタッフ」
https://www.lib.city.hino.lg.jp/young/staff.html（2024.5.27 参照）

[6] 日野市立図書館「作家リスト」
https://www.lib.city.hino.lg.jp/young/booklist-author/index.html（2024.6.4 参照）

第３章

3.1

[1]【CRN 国際共同研究】子どもの生活に関するアジア 8 か国調査 2021 結果報告.
https://www.blog.crn.or.jp/pdf/CRN_survey_results.pdf（2024.5.27 参照）

[2] 文部科学省「第五次「子どもの読書活動の推進に関する基本的な計画」について」, 2023.
https://www.mext.go.jp/b_menu/hakusho/nc/mext_00072.html（2024.5.27 参照）

[3] 日本図書館情報学会用語辞典編集委員会編『図書館情報学用語辞典第 5 版』2020, 丸善出版, pp163-168.

[4] 総務省，令和 4 年度白書「15. 日本の電子書籍市場規模の推移」
https://www.soumu.go.jp/johotsusintokei/whitepaper/ja/r04/html/nf306000.html#d0306150（2024.5.27 参照）

[5] 電子出版制作・流通協議会「電子図書館（電子書籍サービス）導入図書館」（2024 年 04 月 01 日）
https://aebs.or.jp/Electronic_library_introduction_record.html（2024.6.4 参照）

[6] 国立国会図書館「電子図書館事業の沿革」
https://www.ndl.go.jp/jp/dlib/project/history.html（2024.5.27 参照）

[7] 大沢在昌・京極夏彦・宮部みゆき公式ホームページ『大極宮』
http://www.osawa-office.co.jp/（2024.5.27 参照）

[8] こうとう電子図書館
https://web.d-library.jp/koto/g0101/top/（2024.5.27 参照）

[9] 福山市電子図書サービス
https://fukuyama-library.overdrive.com/（2024.5.27 参照）

[10] 奈良市立図書館「奈良市立図書館資料選択基準」
https://library.city.nara.nara.jp/download/5_%E8%B3%87%E6%96%99%E9%81%B8%E6%8A%9E%E5%9F%BA%E6%BA%96.pdf（2024.5.27 参照）

3.2

[1] 国際こども図書館
https://www.kodomo.go.jp/（2024.5.27 参照）

[2] ともなりライブラリー
https://web.d-library.jp/tomonari/g0101/top/（2024.5.27 参照）

[3] 中山愛理 「新型コロナウイルス感染症に対応する日本の公共図書館の取り組み：図書館アウトリーチサービスの視点から」，『大妻女子大学紀要：文系』No.54 2022, pp.31-32.

[4] 埼玉県立飯能高等学校　学校紹介「すみっコ図書館へようこそ」
https://hanno-h.spec.ed.jp/zen/%E5%AD%A6%E6%A0%A1%E7%B4%B9%E4%BB%8B/%E5%9B%B3%E6%9B%B8%E9%A4%A8（2024.5.27 参照）

[5] 岡山県立図書館 電子図書館システム「デジタル岡山大百科」
http://oudan.libnet.pref.okayama.jp/sup/jp/concept.html（2024.5.27 参照）

[6] 小学館世界Ｊ文学館

https://www.shogakukan.co.jp/books/09289307（2024.5.27 参照）

3.3

[1] 北九州市子ども電子図書館
https://web.d-library.jp/kitakyushu/g0101/top/（2024.5.27 参照）

[2] ジャパンナレッジ School
https://school.japanknowledge.com/（2024.5.27 参照）

[3] TOOLi-S タブレット版ぽけっと図書館
https://www.trc.co.jp/school/pocket.html（2024.5.27 参照）

[4] 墨田区立図書館メールレファレンスサービス
https://www.library.sumida.tokyo.jp/contents?1&pid=67（2024.5.27 参照）

3.4

[1] 特定非営利活動法人 日本デジタルアーキビスト資格認定機構「デジタルアーカイブとは」
https://jdaa.jp/digital-archives（2024.5.27 参照）

[2] ADEAC
https://adeac.jp/（2024.5.27 参照）

[3] 棟田聖子「美術館のある村の楽しい図書館」『図書館雑誌』日本図書館協会，2017，vol111，p307.

[4] eReading Books
https://ereading.cs.nii.ac.jp/nagano/book/index.html（2024.7.26 参照）

[5] わたしたちの松川村
https://ereading.cs.nii.ac.jp/nagano/book/matsukawamura/1（2024.7.26 参照）

[6] 聖学院中学・高等学校図書館　デジタルアーカイブス
https://boys-lib.seigakuin-univ.ac.jp/plugin/photoalbums/changeDirectory/17/60/33（2024.5.27 参照）

[7] S × UKILAM：Primary Source Sets ／スキラム連携：多様な資料を活用した教材アーカイブ
https://adeac.jp/adeac-lab/top/SxUKILAM/index.html（2024.5.27 参照）

[8] 大井将生「S × UKILAM（スキラム連携）；第 3 回 多様な資料の教材化ワークショップ」,2022.3.
https://researchmap.jp/m-oi/social_contribution/36550317（2024.5.27 参照）

[9] 著作権法
https://elaws.e-gov.go.jp/document?lawid=345AC0000000048（2024.5.27 参照）

[10] クリエイティブ・コモンズ・ライセンス
https://creativecommons.jp/licenses/（2024.5.27 参照）

3.5

[1] 令和元年法律第四十九号　視覚障害者等の読書環境の整備の推進に関する法律
https://elaws.e-gov.go.jp/document?lawid=501AC0100000049（2024.5.27 参照）

[2] 外務省「JAPAN SDGs Action Platform」
https://www.mofa.go.jp/mofaj/gaiko/oda/sdgs/statistics/goal16.html（2024.5.27 参照）

[3] 国際連合広報センター「2030 アジェンダ」
https://www.unic.or.jp/activities/economic_social_development/sustainable_development/2030agenda（2024.5.27 参照）

[4] 外務省「障害者の権利に関する条約（略称：障害者権利条約）」
https://www.mofa.go.jp/mofaj/gaiko/jinken/index_shogaisha.html（2024.5.27 参照）

[5] 社会福祉法人埼玉福祉会「やさしくよめる本 LL ブック」
https://www.saifuku.com/shop/llbook/index.html（2024.5.27 参照）

[6] サピエ（視覚障害者情報総合ネットワーク）
https://www.sapie.or.jp/cgi-bin/CN1WWW（2024.5.27 参照）

[7] 日本図書館協会障害者サービス委員会「マルチメディア DAISY」
https://www.jla.or.jp/portals/0/html/lsh/redheel.html（2024.5.27 参照）

[8] 日本電子出帆協会「電子出版アワード」
https://www.jepa.or.jp/awardinfo/（2024.5.27 参照）

[9] 文部科学省「「日本語指導が必要な児童生徒の受入状況等に関する調査（令和３年度）」の結果（速報）について」
https://www.mext.go.jp/content/20220324-mxt_kyokoku-000021406_01.pdf（2024.5.27 参照）

[10] JICA 横浜ライブラリー　日本語・ポルトガル語・英語による読み聞かせ「こんにちは Ola! Hello!」（中村未来 作・絵・英語訳）
https://www.youtube.com/watch?v=4RGC1nQgyN8（2024.5.27 参照）

[11]TOPPAN CREATIVE 編集部「ユニバーサルデザインの７原則の原文・意味とその具体例」
https://solution.toppan.co.jp/creative/contents/dentatsuclinic_column07.html（2024.5.27 参照）

あとがき

児童サービスは、「子どもを知る、子どもの本を知る、子どもと本をつなぐ方法を知る」ということが3本の柱となっています。つなぎ手となる私たちが、常に子どもたちに接し、その言葉を聞いて、その時々の子どもを取り巻く環境に応じて、誰もが読むこと・知ることができるような児童サービスをしていきたいものです。

今、世界はデジタル化が進む一方で、戦争や災害など今まで想像もつかなかった出来事が起きています。そのような中を子どもたちが生きぬく力を、本が与えてくれると思っています。

著者3人は、読書ボランティア、学校司書、司書教諭、大学図書館司書、公共図書館司書としてさまざまな立場で本を手渡してきました。本書が、図書館現場で少しでも役に立ち、そして、つなぎ手同士が手を携えてこれからの児童サービスについて考えるきっかけとなれば、うれしいです。

本書の刊行にあたって、別府大学司書課程様にご協力いただき、近代科学社編集者の山根加那子氏に、大変お世話になりました。また、コラムを寄せていただいた方、取材に応じてくださった方をはじめ、関係者のみなさまにも大変貴重なご意見をいただきました。この場をお借りして、心からお礼申し上げます。

2024年6月

著者一同

索引

著者紹介

西巻 悦子（にしまき えつこ）

東京都立高等学校国語科教諭。司書教諭。主幹教諭。
東京学芸大学大学院教育学研究科修士課程修了。教育学修士。
筑波大学大学院図書館情報メディア研究科後期博士課程単位取得満期退学。
秋草学園短期大学・早稲田大学等を経て，現在は聖徳大学で司書・司書教諭養成科目の夏期講習非常勤講師をつとめる。デジタルアーキビスト
著書　『学校図書館の役割と使命』（2021），『司書教諭による情報メディア活用』（2021），『児童サービスの基礎　子どもと本をつなぐために』（2022）（すべて近代科学社Digital）

小田 孝子（おだ たかこ）

西日本工業大学図書課・行橋市立小学校図書室等を経て，現在は行橋市図書館に司書として勤務（所属：株式会社図書館流通センター）。
放送大学大学院文化科学研究科（教育開発プログラム）修了　学術修士
九州龍谷短期大学，別府大学，大分大学，九州国際大学にて司書・司書補・司書教諭養成科目，認定絵本士養成講座の非常勤講師をつとめる。
現在　別府大学非常勤講師。認定司書第1190号。デジタルアーキビスト
共著書　『図説情報資源組織演習：カードイメージからコンピュータ目録まで 第3版』（佐伯印刷，2016）

工藤 邦彦（くどう くにひこ）

別府大学文学部司書課程教授。
2006年九州大学大学院人間環境学府修士課程修了。教育学修士。
1986年より福岡大学図書館勤務、2012年4月より現職。文部科学大臣委嘱司書・司書補講習事業実施担当教員。

◎本書スタッフ
編集長：石井 沙知
編集：山根 加那子
図表製作協力：山下 真理子
表紙デザイン：tplot.inc 中沢 岳志
技術開発・システム支援：インプレスNextPublishing

●本書の内容についてのお問い合わせ先
近代科学社Digital　メール窓口
kdd-info@kindaikagaku.co.jp
件名に「『本書名』問い合わせ係」と明記してお送りください。
電話やFAX、郵便でのご質問にはお答えできません。返信までには、しばらくお時間をいただく場合があります。なお、本書の範囲を超えるご質問にはお答えしかねますので、あらかじめご了承ください。

デジタル時代の児童サービス

2024年7月5日　初版発行Ver.1.0
2024年8月31日　Ver.1.1

著　者　西巻 悦子,小田 孝子,工藤 邦彦
発行人　大塚 浩昭
発　行　近代科学社Digital
販　売　株式会社 近代科学社
〒101-0051
東京都千代田区神田神保町1丁目105番地
https://www.kindaikagaku.co.jp

印刷・製本　京葉流通倉庫株式会社
Printed in Japan

ISBN978-4-7649-0706-5